Die neuen Übereinkommen über den internationalen Eisenbahnverkehr

Von

Dr. Kurt Friebe

Oberregierungsrat im Reichsverkehrsministerium

Berlin

Verlag von Julius Springer

1934

ISBN-13: 978-3-642-93965-5 e-ISBN-13: 978-3-642-94365-2
DOI: 10.1007/978-3-642-94365-2

S o n d e r a b d r u c k

aus Archiv für Eisenbahnwesen, 1934, Heft 3 und 4

(Verlag von Julius Springer in Berlin)

Erster Teil.

Die seit dem 1. Oktober 1928 geltenden Internationalen Übereinkommen über den Eisenbahn-Fracht- und den -Personen- und -Gepäckverkehr (IÜG. und IÜP.) enthalten in ihren übereinstimmenden Artikeln 60 § 1 die Vorschrift, daß die Vertreter der Vertragstaaten zur Revision der Übereinkommen spätestens fünf Jahre nach ihrem Inkrafttreten zusammentreten. Es mußte also spätestens im Jahr 1933 eine Revisionskonferenz stattfinden. Auf Einladung der italienischen Regierung hat diese Konferenz in der Zeit vom 3. Oktober bis zum 23. November 1933 in Rom stattgefunden. Als Ergebnis ihrer Beratung liegen neue Texte für beide Übereinkommen vor. Im Gegensatz zu dem Verfahren in früheren Fällen, bei denen für die Unterzeichnung der Übereinkommen eine besondere Konferenz zusammentrat, konnten die in Rom vereinbarten Übereinkommen bereits in der Schlußsitzung in Rom unterzeichnet werden. Von dieser Möglichkeit haben einige Staaten, unter ihnen auch Deutschland, Gebrauch gemacht. Für die Bevollmächtigten der übrigen Vertragstaaten lagen die Texte der Übereinkommen in Rom bis zum 31. März 1934 aus.

Die Erfahrung hat gelehrt, daß das Verfahren bis zum Austausch der Ratifikationsurkunden namentlich in den Staaten, wo hierfür noch die Behandlung durch das Parlament erforderlich ist, eine verhältnismäßig sehr lange Zeit in Anspruch nimmt. So war z. B. bei den jetzt geltenden Übereinkommen die Revisionskonferenz bereits im Juni 1923 beendet, sie sind aber erst am 1. Oktober 1928 in Kraft getreten. Eine derartig lange Frist zwischen dem Abschluß und dem Inkrafttreten der Übereinkommen bringt gerade in der heutigen Zeit die Gefahr mit sich, daß die neu vereinbarten Bestimmungen zum Zeitpunkt ihres Inkrafttretens bereits überholt sind. Um diesmal ein schnelleres Inkrafttreten zu ermöglichen, wird im Schlußprotokoll der neuen Übereinkommen der Wunsch der Konferenz ausgesprochen, daß die beteiligten Staaten nicht nur Maßnahmen treffen, damit die Übereinkommen vor dem 1. April 1934 gezeichnet werden können, sondern daß sie auch „sobald als möglich und innerhalb kürzester Frist zur Ratifikation schreiten, damit die Inkraftsetzung spätestens am 1. Januar 1935 erfolgen könne". In Artikel 63 beider Übereinkommen ist ferner bestimmt, daß sich die schweizerische Regierung mit den anderen Regierungen ins Einvernehmen setzen kann, sobald die Übereinkommen von 15 Staaten unterzeichnet sind, um mit ihnen die Möglichkeit der Inkraftsetzung zu prüfen. Wenn auch auf die einzelnen Staaten kein Zwang zur Beschleunigung der Ratifikation ausgeübt werden kann, so kann man sich von den Maßnahmen der Konferenz und der schweizerischen Regierung doch den Erfolg versprechen, daß die neuen Übereinkommen in wesentlich kürzerer Frist als das letztemal in Kraft treten. Ob dies allerdings schon am 1. Januar 1935 der Fall sein kann, erscheint zum mindesten sehr zweifelhaft, da, wie bereits erwähnt, eine Anzahl von Staaten die Übereinkommen vor der Ratifikation den Parlamenten vorlegen muß. Die Eisenbahnen müssen ferner ausreichende Zeit haben, um neue einheitliche Zusatzbestimmungen auszuarbeiten und die sonstigen Tarifbestimmungen und inneren Dienstvorschriften den neuen gesetzlichen Bestimmungen anzupassen. Die Beschleunigung der Inkraftsetzung darf ferner aber nicht dazu führen, daß die neuen Übereinkommen nur zwischen einzelnen Staaten, die ratifiziert haben, in Kraft gesetzt werden, während im Verkehr mit den anderen Staaten, deren Ratifikation noch aussteht, die Bestimmungen der alten Übereinkommen weiter gelten. Die Konferenz hat sich auch mit dieser Möglichkeit befaßt und dabei die wohl allein mögliche Auffassung vertreten, daß zwar durch das Inkrafttreten der neuen Übereinkommen allein die alten Übereinkommen nicht von selbst außer Kraft gesetzt werden, sondern zwischen den Staaten, die die neuen Übereinkommen nicht ratifiziert haben, weiter in Geltung bleiben. Dies müsse aber unter allen Umständen vermieden werden. Um überhaupt die Möglichkeit des Bestehens von zwei verschiedenen gleichzeitig geltenden Übereinkommen für die Zukunft auszuschließen, enthalten die neuen Übereinkommen wohl zum erstenmal in der Geschichte internationaler Abkommen die staatsrechtlich ungemein wichtige Bestimmung des Artikels 60 § 2, der auf den unverändert gebliebenen, die Revision der neuen Übereinkommen behandelnden § 1 Bezug nimmt. Der neue § 2 lautet wie folgt:

§ 2. Das Inkrafttreten des neuen Übereinkommens, das aus einer Revisionskonferenz hervorgeht, zieht auch gegenüber den Vertragstaaten, die dieses neue Übereinkommen nicht ratifizieren, die Aufhebung des alten Übereinkommens nach sich.

Im folgenden sollen zunächst der Verlauf der Konferenz und sodann der wesentliche Inhalt der neuen Abkommen besprochen werden:

A. Die Revisionskonferenz.

Zu der vom 3. Oktober bis zum 23. November 1933 in Rom abgehaltenen Revisionskonferenz hatten von den 26 Vertragstaaten der Übereinkommen sämtliche Staaten mit Ausnahme von Portugal Vertreter entsandt. Auch die Regierungskommission des Saargebiets hat an den Verhandlungen der Konferenz durch Vertreter teilgenommen, ferner hatten die Organisation für Verkehr und Transit des Völkerbunds und schließlich auch Großbritannien, das den Übereinkommen bisher nicht beigetreten ist, Beobachter zu der Konferenz entsandt.

Die Zulassung der Internationalen Handelskammer zu den Beratungen hat die Konferenz abgelehnt, weil die Teilnahme dieser Körperschaft als einer privaten Organisation mit dem in Artikel 60 der Übereinkommen ausgesprochenen Grundsatz unvereinbar gewesen wäre, daß nur die Vertreter der Vertragstaaten oder deren Organisationen, wie es z. B. der Völkerbund ist, an der Konferenz teilnehmen dürfen. Die Internationale Handelskammer hatte aber eine große Reihe von Wünschen für die Abänderung der Übereinkommen dem Berner Zentralamt für Internationale Eisenbahnbeförderung übermittelt, die von diesem den einzelnen Staaten übersandt worden waren. Aus deren Anträgen war zu ersehen, daß sie die Anregungen der Internationalen Handelskammer eingehend geprüft und, soweit möglich, berücksichtigt hatten. Die Konferenz hat außerdem auch ihrerseits bei ihren Beratungen die Anregungen der Internationalen Handelskammer stets neben den Anträgen der Staaten erörtert und hierbei das Bestreben gehabt, die neuen Übereinkommen möglichst weitgehend den Wünschen der Verfrachter anzupassen.

Den Vorsitz in der Konferenz hatte Italien (Staatsrat Giannini). Deutschland war das Amt des ersten Vizepräsidenten (Staatssekretär Koenigs vom Reichsverkehrsministerium) übertragen worden, während die beiden anderen Vizepräsidenten von Frankreich und der Schweiz gestellt waren. Es stand von vornherein fest, daß die Konferenz einen außerordentlich umfangreichen Arbeitstoff zu bewältigen haben würde, hatten doch die einzelnen Staaten nicht nur zu den geltenden

Übereinkommen teilweise sehr umfangreiche Abänderungsanträge gestellt (für das IÜG. gegen 500, für das IÜP. annähernd 140), sondern die Mehrzahl von ihnen auch beantragt, Gegenstände zu regeln, die bisher überhaupt noch nicht von der internationalen Gesetzgebung erfaßt worden waren, wie den Verkehr mit Privatgüterwagen, den Expreßgutverkehr sowie die Frage der Einführung begebbarer Frachtbriefe im internationalen Eisenbahnverkehr. Dieses Übermaß an Stoff brachte es von vornherein mit sich, daß die Hauptarbeit der Konferenz fast ausschließlich von den Kommissionen geleistet werden mußte, während die Vollsitzungen im wesentlichen lediglich die Beschlüsse der Kommissionen zu genehmigen hatten, bis auf einige Fragen, auf deren Behandlung in den Vollsitzungen einzelne Delegationen besonderen Wert legten. Die Konferenz arbeitete in vier Kommissionen, die teilweise noch in Unterkommissionen geteilt waren. Während sich die I. Kommission mit den Anfangs- und Schlußbestimmungen, den Bestimmungen über die gemischten Beförderungen und den Haftungsbestimmungen beider Übereinkommen in drei Unterkommissionen befaßte, oblag es der II. Kommission, die unter dem Vorsitz von Deutschland (Ministerialrat Niemack vom Reichsverkehrsministerium) tagte, die einzelnen Bestimmungen des IÜG. über die Abwicklung des Frachtvertrags (Artikel 3 bis 25 IÜG.) zu behandeln. Hierfür lagen allein weit über 300, zum Teil sehr umfangreiche Anträge vor. Die III. Kommission, die unter französischem Vorsitz arbeitete, befaßte sich mit den Bestimmungen des IÜP. über die Abwicklung des Personen- und Gepäckbeförderungsvertrags (Artikel 8 bis 25 IÜP.). Der IV. Kommission waren die neu zu behandelnden Fragen übertragen worden, die in je einer Unterkommission für Privatwagen, Expreßgut und begebbare Frachtbriefe behandelt wurden.

Bei den Arbeiten der Kommissionen, von denen stets mehrere gleichzeitig tagten, stellte es sich nun sehr bald heraus, daß es angesichts der Fülle des Stoffs in einem derartig großen Rahmen, wie es die Konferenz war, nahezu unmöglich war, die Übereinkommen in ihren einzelnen Bestimmungen einer grundlegenden rechtlichen Neubearbeitung und Umgestaltung zu unterziehen, wie es von einzelnen Staaten, namentlich zu den Artikeln 9, 15 und 24 IÜG. beantragt worden war. Hier hätte es sich empfohlen, wenn vor der eigentlichen großen Revisionskonferenz ein Ausschuß der hauptbeteiligten Staaten die Anträge gesichtet und der Hauptkonferenz bestimmte gemeinsame Vorschläge unterbreitet hätte. Es wären dann auf der eigentlichen Konferenz nur die Anträge behandelt worden, die die Unterstützung von mehreren Staaten gefunden hätten. Auf diese Weise wäre manche wertvolle Vorarbeit besser zu ihrem Recht gekommen, als es bei dem Verfahren der römischen Revisionskonferenz möglich war. Obwohl auf dieser Konferenz auch in Einzelfragen eine sehr umfangreiche Arbeit geleistet worden ist, waren die Beratungen sehr bald von dem Grundsatz beherrscht, die gegenwärtigen Bestimmungen nur dann zu ändern, wenn sie offensichtliche Fehler enthielten oder unrichtig gefaßt waren, wenn sich bei ihrer Anwendung Unzuträglichkeiten ergeben hatten oder wenn sie durch die Zeitverhältnisse überholt waren und deshalb zugunsten von Verfrachtern und Reisenden geändert werden mußten. Wenn auch im allgemeinen dieser Grundgedanke besonders im Hinblick darauf richtig ist, daß sich über die Bestimmungen der Übereinkommen keine einheitliche Rechtsprechung bilden kann, wenn sie bei jeder Revisionskonferenz umgestaltet werden, so wäre es doch anderseits bei einer eingehenderen Vorprüfung möglich gewesen, Anträgen, die zu einer klareren und deshalb auch die Arbeit der Gerichte erleichternden Fassung geführt hätten, zum Siege zu verhelfen. So ist man namentlich auch dem Gedanken der Zusammenfassung des IÜG. und IÜP. zu einem einheitlichen Eisenbahnverkehrsübereinkommen, wie es z. B. die Eisenbahnverkehrsordnung (EVO.) für das innerdeutsche Eisenbahnverkehrsrecht darstellt, nicht nähergetreten.

Die Gliederung der Übereinkommen und die Artikelfolge ist die gleiche geblieben. Nur ist in beiden Übereinkommen zwischen den jetzigen Artikeln 62 und 63 ein neuer Artikel 63 (Ratifikation) eingefügt und das jetzige Schlußprotokoll zum IÜG. als letzter Artikel (Artikel 65) in das IÜG. selbst aufgenommen worden, so daß das IÜG. künftig aus 65, das IÜP. aus 64 statt aus bisher 63 Artikeln bestehen. Wie bisher tragen also die Artikel, die für beide Übereinkommen gleichmäßig gelten, die gleichen Ziffern (vgl. insbesondere Artikel 53 ff.). Auch inhaltlich stimmen sie, soweit möglich, wortgetreu miteinander überein. Die schon im Jahr 1923 vorgesehene Möglichkeit einer künftigen möglichst einfachen Zusammenfassung beider Übereinkommen ist also in Rom gewahrt geblieben.

In der Sprachenfrage hat die römische Konferenz die seit dem 1. Oktober 1928 bestehende Regelung[1] unverändert beibehalten. Der deutsche und italienische Wortlaut der Übereinkommen gelten hiernach als amtliche Übersetzungen des französischen Wortlauts. Dies kommt künftig auch in der Überschrift der die Frage behandelnden Artikel 64 beider Übereinkommen zum Ausdruck. Bei Nichtübereinstimmung der Wortlaute entscheidet der französische Wortlaut. Der Schlußsitzung der

---

[1] Vgl. des näheren Fritsch: Die neuen Entwürfe von Übereinkommen über den internationalen Eisenbahnverkehr (von 1923) in dieser Zeitschrift 1924 Seite 587 ff.

Konferenz sind sowohl der deutsche und der italienische Wortlaut der Übereinkommen vorgelegt und als amtliche Übersetzungen anerkannt worden. Daß es gelungen ist, noch während der Konferenz trotz der bestehenden technischen Schwierigkeiten einen deutschen Text in Rom selbst im Druck fertigzustellen, ist den beteiligten Stellen besonders zu danken.

Im folgenden sollen die wichtigeren Neuerungen[1] des IÜG. und des IÜP. im Vergleich zu den jetzt geltenden Übereinkommen von 1923 und unter besonderer Berücksichtigung der Bestimmungen der geltenden deutschen Eisenbahnverkehrsordnung (EVO.) vom 16. Mai 1928 besprochen werden.

Den wesentlichen Inhalt der jetzt geltenden Übereinkommen hat in dieser Zeitschrift Wirklicher Geheimrat Fritsch in der bereits zitierten grundlegenden Abhandlung besprochen (1924 S. 587 ff.). Es wird erforderlich sein, auf diese Ausführungen mehrfach zu verweisen.

B. Allgemeines über beide Entwürfe.

I. Allgemeine Grundsätze.

Wie in der Einleitung schon hervorgehoben worden ist, hat die Konferenz davon abgesehen, die Übereinkommen in grundlegender Beziehung zu ändern. Dies gilt namentlich von der Beförderungspflicht der Eisenbahnen, der Veröffentlichung ihrer Tarife, der Gleichbehandlung von Verfrachtern und Reisenden in den Tarifen und für die Haftung der Eisenbahn für Verlust, Minderung oder Beschädigung von Gütern und Reisegepäck. Diese Tatsache verdient um so mehr hervorgehoben zu werden, als die römische Konferenz im Gegensatz zu ihren Vorgängerinnen eine völlig veränderte Stellung der Eisenbahnen im Verhältnis zu den neu aufkommenden Verkehrsmitteln[2] vorfand, denn der Wettbewerb des Kraftwagens und — in geringerem Maß — des Flugzeugs hat die früher zwar nicht rechtlich, aber doch tatsächlich bestehende Monopolstellung der Eisenbahnen im Landverkehr wohl in jedem der beteiligten Staaten durchbrochen. Wenn sich auch bisher der Wettbewerb des Kraftwagens im internationalen Eisenbahnverkehr noch nicht allzu sehr fühlbar gemacht hat, so drückt er doch allgemein auf die Wirtschaftslage der Eisenbahnen besonders stark, so daß es diesen dadurch sehr erschwert ist, finanziell belastende Zugeständnisse zu-

---

[1] Vgl. hierzu: Jelinek: Die Revision des IÜG. im Wiener Allgemeinen Tarifanzeiger 1933 S. 1452 ff., Nr. 49.

[2] Vgl. hierzu Giannini: Die Revision der Internationalen Übereinkommen von Bern über den Eisenbahnverkehr in der Berner Zeitschrift für die Internationale Eisenbahnbeförderung 1933 Heft 8 (August).

gunsten der Eisenbahnbenutzer zu machen. Die Konferenz war jedoch in diesen Fragen von vornherein in erfreulicher Einmütigkeit der Auffassung, daß man auch im Hinblick auf die wohlverstandenen Belange der Eisenbahn selbst ihre bisherigen Bindungen unter keinen Umständen aufheben oder lockern dürfe (vgl. des weiteren die Ausführungen in Abschnitt C II Ziff. 3 a). Denn man darf gewisse Vorteile nicht verkennen, die die Eisenbahnen bei der Kundenwerbung vor den freien Verkehrsmitteln dadurch genießen, daß ihre hauptsächlichen Rechtspflichten aus dem Beförderungsvertrag gesetzlich festgelegt sind und nicht abgedungen werden können. So ist vor allem der namentlich auf deutschrechtlichen Gedankengängen beruhende Grundsatz der „Gleichheit aller vor dem Verkehr“, wie er von Spieß[1] einmal treffend gekennzeichnet worden ist, d. h. das Verbot geheimer Tarifermäßigungen, uneingeschränkt erhalten geblieben.

Die Arbeiten der Konferenz waren noch in einer anderen Beziehung besonders schwierig. Denn in fast allen beteiligten Staaten haben die Folgen der Wirtschaftskrise zu Ein- und Ausfuhrverboten, zu einer Verstärkung der Zollmauern sowie zu einer Zwangsbewirtschaftung ausländischer Zahlungsmittel u. a. m. geführt. Daß diese Maßnahmen dem Gedanken der Erleichterung des internationalen Durchgangsverkehrs nichts weniger als förderlich sind, bedarf keiner Begründung. Da noch nicht abzusehen ist, wie lange noch die europäischen Staaten zu derartigen Notmaßnahmen zur Aufrechterhaltung ihrer Wirtschaft gezwungen sind, hat die römische Konferenz die hierdurch notwendigen Abänderungen gewisser Bestimmungen durch die Einzelstaaten nicht wie beim letzten Mal in einem Schlußprotokoll zu dem Übereinkommen mit beschränkter Zeitdauer vorgesehen, sondern diese Ermächtigung ohne zeitliche Beschränkung unter einem neuen Titel V als neuen Artikel 65 in das IÜG. selbst aufgenommen.

II. Geltungsbereich der Übereinkommen im Verhältnis zum Recht der Einzelstaaten und zu den Eisenbahntarifen.

1. Allgemeines.

Es kann nicht Sinn und Zweck eines internationalen Beförderungsrechts sein, den ihm unterliegenden Verkehr in allen Einzelheiten zu regeln. Bei den in den einzelnen Staaten ganz verschiedenen inneren Rechtsvorschriften der allgemeinen und der Eisenbahngesetzgebung sowie den Besonderheiten des Verkehrs- und Abfertigungsdienstes der ein-

---

[1] Zeitung des Vereins Mitteleuropäischer Eisenbahnverwaltungen 1932 Seite 637 ff.

zelnen Eisenbahnen dürfte dies auch gar nicht möglich sein. Die jetzt geltenden Übereinkommen enthalten demgemäß, wie schon die früheren, an zahlreichen Stellen einen Hinweis auf die Regelung durch die „Gesetze und Reglemente“ der einzelnen Staaten. Die Übereinkommen enthalten ferner in Artikel 53 die allgemeine Bestimmung, daß, soweit in den Übereinkommen keine Bestimmungen getroffen sind, die Gesetze und Vorschriften für den inneren Verkehr jedes Staats Anwendung finden. Die in Rom neu vereinbarten Übereinkommen mußten diese Grundsätze naturgemäß beibehalten, insbesondere ist auch Artikel 53 unverändert geblieben. Einzelne Staaten, z. B. Jugoslawien und Österreich, in geringerem Maß auch Deutschland, hatten für die römische Konferenz zur Förderung des internationalen Rechtsgedankens Anträge gestellt, die eine Erweiterung des von den Übereinkommen selbst geregelten Gebiets anstrebten. Eine einheitliche internationale Regelung gewisser Fragen, die jetzt noch dem Recht der Einzelstaaten oder den Tarifvorschriften der einzelnen Eisenbahnen überlassen sind, hätte der Rechtsicherheit gedient und damit wesentliche Vorteile für die Eisenbahnbenutzer mit sich gebracht. Die hiermit verbundenen Schwierigkeiten waren jedoch so groß, daß es der römischen Konferenz — abgesehen von dem neu geregelten Privatwagen- und Expreßgutverkehr — nur in ganz geringfügigem Maß (z. B. bei den Vorschriften über die Ablieferungshindernisse in Artikel 24) gelungen ist, diesen Gedanken zu fördern. Anderseits ist hierbei zu berücksichtigen, daß die Internationalen Übereinkommen auf die bei den einzelnen Eisenbahnen ganz verschiedenen Betriebs- und Verkehrsverhältnisse Rücksicht nehmen müssen. Eine zu weitgehende internationale Regelung würde sich dann vielfach zum Nachteil der Verfrachter auswirken, weil man auf die Besonderheiten in gewissen Verkehren keine Rücksicht nehmen könnte, sondern die Vorschriften nur auf die Strecken mit den einfachsten Betriebs- und Verkehrsverhältnissen abstellen müßte. Um dies zu vermeiden, ermächtigen die Übereinkommen an vielen Stellen die Eisenbahntarife, abweichende Bestimmungen zu treffen, weil die Tarife ihrer Art nach und um ihrer Beweglichkeit willen allein geeignet sind, besonderen Verkehrsverhältnissen Rechnung zu tragen. Diese Verweisungen sind im neuen IÜG. noch um einige vermehrt worden. So sind z. B. noch in letzter Stunde in Artikel 24 § 1 letzter Absatz IÜG. die Eisenbahnen ermächtigt worden, zu bestimmen, daß im Fall eines Ablieferungshindernisses der Absender seine Anweisung auch unmittelbar an die Bestimmungstation richten kann. Auch hier handelt es sich um eine Erleichterung zugunsten des Absenders, die aber für bestimmte Verkehrsverbindungen in Frage kommt, bei denen die Gewähr für eine reibungslose Durchführung besteht.

In diesem Zusammenhang ist besonders auf zwei wichtige, neu eingefügte Rechtsvorschriften von grundsätzlicher Bedeutung, hinzuweisen, die in weitgehendem Umfang Verweisungen auf Sonderabkommen zwischen mehreren Vertragstaaten und auf die Regelung durch die Eisenbahntarife enthalten. Dies sind einmal die Bestimmungen über gemischte Beförderungen in Artikel 2, § 4, die in beiden Übereinkommen enthalten sind, und zum anderen die Bestimmung des Artikels 61, § 3, über die Zulässigkeit von Abweichungen für besondere Arten von Sendungen, die nur im IÜG. enthalten ist und deshalb im folgenden Abschnitt C behandelt werden soll.

2. Die Bestimmungen über gemischte Beförderungen (Artikel 2, § 4).

Die Frage der gemischten Beförderung[1] zwischen Eisenbahn und anderen Verkehrsmitteln ist in dem jetzigen Artikel 2 nur für Beförderungen in Kraftwagen und Schiffen im Anschluß an eine Eisenbahn geregelt. Für die römische Konferenz war beantragt worden, künftig auch Luftverkehrstrecken in diese Regelung einzubeziehen. Im Lauf der Verhandlungen über diesen Antrag ergab es sich, daß die jetzige Regelung des Artikels 2 der Zusammenarbeit der Eisenbahn nicht nur mit der Luftfahrt, sondern auch mit anderen Verkehrsmitteln, vor allem deshalb nicht mehr gerecht wird, weil sie davon ausgeht, daß das andere Verkehrsmittel die Eisenbahnbeförderung nur ergänzt (complétant des parcours par voie ferrée). Diesem Grundsatz entspricht es auch, daß den anderen Verkehrsmitteln nach Artikel 2, § 2, die gleiche Haftung wie der Eisenbahn auferlegt wird. Diese Regelung, die in erster Linie die Länder mit dichtem Eisenbahnnetz im Auge hat, beruht noch auf den Verkehrsverhältnissen während der Berner Verhandlungen im Jahr 1923, der immer mehr steigenden Bedeutung des Luft- und Kraftwagenverkehrs wird der jetzige Artikel 2 aber in keiner Weise mehr gerecht und für den gemischten Verkehr mit der Hochseeschiffahrt kommt er überhaupt nicht in Frage. Denn es leuchtet vor allem bei der Luftfahrt und der Hochseeschiffahrt ohne weiteres ein, daß sie nicht nur Anhängsel der Eisenbahn sind, sondern neben ihr eine selbständige, vielfach sogar überwiegende Bedeutung haben. Auch der Kraftwagen ist inzwischen über seine Bedeutung als Zubringer zur Eisenbahn weit hinausgewachsen und spielt vor allen Dingen in den Ge-

[1] Vgl. hierzu Giannini: Die gemischten Beförderungen in der Berner Zeitschrift für die internationale Eisenbahnbeförderung 1933, Heft 11 (November).

genden mit wenig dichtem Eisenbahnnetz eine wichtige Rolle. Mit der steigenden Bedeutung der neuen Verkehrsmittel wird auch die Zusammenarbeit der Eisenbahn mit ihnen eine Entwicklung nehmen, die nach Art und Umfang noch völlig unübersehbar ist. Diesen Gedanken zu fördern, sind die jetzigen Bestimmungen über den Anschlußverkehr von Kraftwagen- und Schiffahrtlinien an die Eisenbahn aber in keiner Weise geeignet. Für eine Einbeziehung des gemischten Verkehrs in das IÜG. kommt vielmehr nur eine Regelung in Frage, bei der das andere Verkehrsmittel einen der Eisenbahn ebenbürtigen Rang einnimmt.

Ein Bedürfnis für eine solche Regelung hat sich vor allem deshalb ergeben, weil inzwischen der internationale Luftverkehr durch das am 30. November 1933 in Warschau abgeschlossene Abkommen zur Vereinheitlichung von Regeln über die Beförderung im internationalen Luftverkehr (RGBl. II S. 1039) gesetzlich geregelt worden ist. Dieses Abkommen enthält insbesondere Vorschriften über die bei der internationalen Luftbeförderung von Reisenden mit ihrem Gepäck und von Gütern anzuwendenden Beförderungscheine (Flugschein, Fluggepäckschein und Luftfrachtbrief) und sieht in Artikel 17 ff. eine von den internationalen Eisenbahnübereinkommen abweichende Haftungsregelung vor. Wenn sich auch dieses Abkommen nur auf die Beförderung im Luftverkehr erstreckt, so enthält doch Artikel 31 des Abkommens unter der Überschrift „Bestimmungen für gemischte Beförderungen" folgende Vorschrift:

> „Artikel 31.
>
> (1) Bei gemischten Beförderungen, die zum Teil durch Luftfahrzeuge, zum Teil durch andere Verkehrsmittel ausgeführt werden, gelten die Bestimmungen dieses Abkommens nur für die Luftbeförderung und nur, wenn diese den Voraussetzungen des Artikels 1 entspricht.
>
> (2) Keine Bestimmung dieses Abkommens hindert die Parteien, für den Fall einer gemischten Beförderung Bedingungen für die Beförderung durch andere Verkehrsmittel in den Luftbeförderungschein aufzunehmen, sofern hinsichtlich der Luftbeförderung die Vorschriften dieses Abkommens beachtet werden."

Das Warschauer Luftverkehrsabkommen geht also davon aus, daß im Fall einer gemischten Beförderung der Luftbeförderungschein auch auf der Eisenbahnstrecke als Beförderungspapier zur Anwendung kommt. Es ist richtig, daß auch bei gemischten Beförderungen nur ein Beförderungspapier zur Anwendung kommen kann. Würde man verschiedene Papiere zugrunde legen, so würden damit auch für die Strecken der einzelnen Verkehrsmittel verschiedene Rechtsregeln zugrunde gelegt. Hieraus würden sich aber große Schwierigkeiten in abfertigungstechnischer Hinsicht und namentlich auch bei der Regelung des Verfügungsrechts über das Gut während der Beförderung ergeben. Hierzu kommt noch, daß im Einzelfall bei der Beförderung über größere Strecken die Beteiligten vielfach gar nicht wissen können, auf welcher Strecke und mit welchem Verkehrsmittel das Gut gerade befördert wird. Dies wird z. B. bei nachträglichen Verfügungen besonders fühlbar werden. Auch bei einer Beschädigung oder Lieferfristüberschreitung des Guts wird man vielfach nicht feststellen können, wo der Schaden eingetreten ist. Hieraus folgt, daß es den für den gemischten Verkehr zu vereinbarenden Tarifen obliegt, nach Möglichkeit gleiche Beförderungsbedingungen für die Strecken aller an der gemischten Beförderung beteiligten Verkehrsmittel zu vereinbaren.

Gerade der Luft-Eisenbahn-Verkehr hat gezeigt, daß die jetzige Regelung der Anschlußbeförderung in Artikel 2 einer brauchbaren Regelung des gemischten Verkehrs auch insoweit hinderlich ist, als hiernach Abweichungen von den Bestimmungen der Übereinkommen nur für die Strecken des anderen Verkehrsmittels, nicht aber für die Eisenbahnstrecke zulässig sind. Zu der Angleichung der Tarife der Eisenbahnen an die des anderen Verkehrsmittels wird es aber u. U. erforderlich sein, von den Bestimmungen der Übereinkommen auch für die Eisenbahnstrecke abzuweichen. Um den Weg für einen großzügigen Ausbau des gemischten Verkehrs zu fördern und diesen überhaupt erst einmal in Gang zu bringen, hielt es deshalb die Konferenz für erforderlich, für die ganze Beförderungsstrecke des gemischten Verkehrs, also auch für die Eisenbahnstrecke[1], von den Übereinkommen abweichende Vereinbarungen zuzulassen, um den Besonderheiten jeder Beförderungsart Rechnung zu tragen (afin de tenir compte des particularités de chaque mode de transport). Sie hat demgemäß beschlossen, den Artikel 2 an sich unverändert zu lassen, ihm aber folgenden neuen § 4 anzufügen:

§ 4. Werden für internationale Beförderungen außer Eisenbahnen auch andere als die in § 1 genannten Beförderungsdienste (services de transport) in Anspruch genommen, so können die Eisenbahnen, um den Besonderheiten jeder Beförderungsart Rechnung zu tragen, mit den beteiligten Unternehmen tarifa-

---

[1]) So auch Schmid in Zeitung des Vereins Mitteleuropäischer Eisenbahnverwaltungen 1934 Seite 190.

rische Bestimmungen vereinbaren, die solche Beförderungen einer von diesem Übereinkommen abweichenden rechtlichen Regelung unterstellen. Sie können in diesem Fall eine andere als die in diesem Übereinkommen vorgesehene Beförderungsurkunde vorschreiben.

Nach dieser Fassung wird es den Eisenbahnen allerdings ermöglicht, auch für ihre Strecken von den Übereinkommen abweichende Haftungsvorschriften zu vereinbaren. Einen auch von Deutschland unterstützten österreichischen Antrag, der diese Bestimmungen ausnehmen wollte, hat die Konferenz abgelehnt, um den Grundsatz eines möglichst freizügigen Ausbaus des gemischten Verkehrs nicht zu gefährden.

Im übrigen unterliegen die auf Grund dieser Bestimmung erstellten Tarife in den einzelnen Staaten der Genehmigung durch die Aufsichtsbehörden der Eisenbahnen. Es ist daher nicht zu befürchten, daß die Handhabung der neuen Bestimmung ungerechtfertigte Benachteiligungen der Verfrachter mit sich führt.

Da sich der neue § 4 nicht nur auf den gemischten Eisenbahn-Luft-Verkehr, sondern auch auf den Verkehr mit dem Kraftwagen und der Schiffahrt erstreckt, der außerdem — soweit es sich um einen Anschlußverkehr handelt — durch die unverändert gebliebenen §§ 1—3 des Artikels 2 geregelt ist, so wird bei der Einrichtung von gemischten Verkehren jeweils zu prüfen sein, ob es sich um eine Anschlußbeförderung im Sinn des § 1 handelt, bei der die betreffende Linie nach § 3 in die dem Übereinkommen beigegebene Liste aufzunehmen ist, oder ob das andere Verkehrsmittel neben der Eisenbahn eine selbständige Bedeutung hat, und der in Frage kommende Verkehr deshalb nach § 4 zu behandeln ist. Ob es sich um einen Anschlußverkehr handelt, wird in erster Linie nach der Art der Verkehrsabfertigung und erst in zweiter Hinsicht nach den betrieblichen Verhältnissen zu beurteilen sein. Die Entscheidung dieser Frage wird ferner wesentlich von der Länge der Strecke und von der Art und Weise abhängen, wie der Verkehr entstanden ist und sich entwickelt hat.

C. Das Güterverkehrsübereinkommen (IÜG.).

Im vorstehenden Abschnitt sind bereits unter dem Gesichtspunkt des Verhältnisses der Übereinkommen zum Verkehrsrecht der einzelnen Staaten und zu den Eisenbahntarifen die Bestimmungen des Artikels 2 § 4 IÜG. für gemischte Beförderungen, die in gleicher Weise auch für das IÜP. gelten, besprochen worden. Im folgenden sollen nun zunächst die damit eng zusammenhängende, nur für das IÜG. geltende wichtige Vorschrift des Artikels 61 § 3 und hiernach erst die anderen Bestimmungen des IÜG. über den Frachtvertrag nach der Reihenfolge der Artikel geordnet behandelt werden.

I. Die Bestimmungen des Artikels 61 § 3 für bestimmte Beförderungen.

Eine ganz ähnliche Bedeutung wie den oben behandelten Bestimmungen für gemischte Beförderungen kommt der nur im IÜG. enthaltenen Vorschrift des Artikels 61 § 3 zu, nach der für bestimmte einzeln aufgeführte Arten von Sendungen zwei oder mehrere Vertragsstaaten durch Sonderabkommen, ebenso die Eisenbahnen durch Aufnahme entsprechender Vorschriften in ihre Tarife bestimmte, vom IÜG. abweichende Beförderungsbedingungen vereinbaren und namentlich auch die Verwendung anderer Frachturkunden als des in der Anlage II vorgesehenen Frachtbriefs vereinbaren können. Es handelt sich hierbei um folgende Arten von Sendungen:

1. Sendungen mit begebbaren Frachturkunden,
2. Sendungen, die nur gegen Übergabe des Frachtbriefdoppels abgeliefert werden sollen,
3. Sendungen von Zeitungen,
4. Sendungen, die für Messen oder Ausstellungen bestimmt sind,
5. Sendungen von leeren oder beladenen Behältern,
6. Sendungen von Lademitteln sowie Mitteln zum Schutz des rollenden Guts gegen Wärme und Kälte.

Die Anregung zu einer derartigen Bestimmung rührt vom Internationalen Eisenbahnverband her. Dieser hatte bei seinen Vorarbeiten für die römische Konferenz den Eisenbahnen eine allgemeine Ermächtigungsklausel vorgeschlagen, die auch eine Reihe von Staaten (z. B. Frankreich, Polen, Jugoslawien, Norwegen) in ihre Anträge für die Revisionskonferenz aufgenommen hatten und die wie folgt lauten sollte:

„§ 3. Die Eisenbahnen können durch passende Klauseln in ihren Tarifen geeignete Bedingungen über die Beförderung von Gegenständen vereinbaren, die durch ihre Art oder die Verkehrsbedürfnisse eine andere Rechtsordnung erfordern als die in diesem Übereinkommen vorgesehene. Für diese Beförderungen können die Eisenbahnen die Verwendung eines vom internationalen Frachtbrief verschiedenen Beförderungscheins vorsehen."

Dieser Vorschlag sollte dem Umstand Rechnung tragen, daß die Vorschriften des IÜG. der Eigenart bestimmter Arten von Sendungen nicht Rechnung tragen können. So war es z. B. schon vor einigen Jahren erforderlich geworden, ein besonderes Übereinkommen für die Beförderung von Zeitungen im internationalen Verkehr zwischen den beteiligten Eisenbahnen zu schaffen, weil dieses Gut nur für eine ganz kurze Zeit einen Wert verkörpert, und es deshalb bei seiner Beförderung ausschließlich auf die rechtzeitige Ankunft am Bestimmungsort ankommt. Ähnliches kommt noch für eine Reihe von anderen Sendungen in Frage. Der Vorschlag bezweckte daher in erster Linie, eine rechtliche Grundlage für derartige Sondervereinbarungen zwischen den Staaten oder den Eisenbahnen zu schaffen.

Die Konferenz hielt eine solche Ermächtigung ebenfalls für erforderlich, war aber der Meinung, daß eine Vorschrift in der vom Internationalen Eisenbahnverband ausgearbeiteten allgemeinen Form den Grundsatz eines möglichst einheitlichen internationalen Beförderungsrechts zu stark durchbrochen hätte. Um zu verhüten, daß eine zu weite Fassung dazu verleitet, von der Ermächtigung auch bei solchen Sendungen Gebrauch zu machen, bei denen hierfür kein dringendes Bedürfnis besteht, hat die Konferenz einem Vorschlag Italiens entsprechend beschlossen, Sondervereinbarungen nur für die oben aufgeführten Arten von Sendungen zuzulassen.

Die Ermächtigungsvorschrift bezieht sich in gleicher Weise auf Abmachungen zwischen einzelnen Vertragstaaten wie auf tarifarische Vereinbarungen zwischen einzelnen Eisenbahnen. Auch diese Tarife bedürfen wohl in allen Vertragstaaten der Genehmigung durch die Aufsichtsbehörden der Eisenbahnen. Ebenso wie bei den Vereinbarungen von leichteren Bedingungen gegenüber den Vorschriften der Anlage I gemäß Artikel 4 § 2 stehen im Rahmen des neuen Artikels 61 § 3 die Vereinbarungen der Eisenbahnen den staatlichen Abmachungen an sich rechtlich völlig gleich. Nur in dem Fall, wo staatliche und eisenbahntarifarische Vereinbarungen über den gleichen Gegenstand voneinander abweichen, wird davon auszugehen sein, daß die Vereinbarungen der Staaten den Vorrang vor den Eisenbahntarifen haben.

Wenn auch die Fassung der Bestimmungen, wonach die Sonderabkommen „von diesem Übereinkommen abweichen dürfen", der Auslegung einen weiten Spielraum läßt, so ist doch wohl aus dem Sinn und Zweck der Vorschrift zu entnehmen, daß die Sonderabmachungen und Tarife nur solche Abweichungen enthalten dürfen, die nach der besonderen Art der Sendung erforderlich sind. Man wird vor allem davon auszugehen haben, daß gewisse zwingende Bestimmungen des IÜG., die um der öffentlichen Sicherheit willen erlassen oder sonst im öffentlichen Recht begründet sind, nicht abgeändert werden dürfen. Dies gilt z. B. insbesondere von den Bestimmungen der Artikel 3 und 4 über die von der Beförderung ausgeschlossenen oder bedingungsweise zur Beförderung zugelassenen Gegenstände oder von den Bestimmungen des Artikels 5 über die Beförderungspflicht der Eisenbahn. Aus dem Begriff des Eisenbahntarifs ergibt sich schließlich auch, daß alle Bestimmungen des IÜG. über die Eisenbahntarife selbst auch für diese Tarife gelten. Andere wichtige Bestimmungen, die rein privatrechtlicher Natur sind, wie z. B. die Bestimmungen über die Lieferfristen und über die Haftung der Eisenbahn für Verlust, Minderung oder Beschädigung des Guts oder für Lieferfristüberschreitung sind dagegen abdingbar, was besonders bei der bereits erwähnten Zeitungsbeförderung erforderlich geworden ist.

Von den aufgeführten Arten von Sendungen sind rechtlich besonders bemerkenswert die Ziffern 1 und 2 (Sendungen mit begebbaren Frachturkunden und Sendungen, die nur gegen Übergabe des Frachtbriefdoppels abgeliefert werden sollen). Die Frage, ob es sich empfiehlt, entsprechend den Konnossementen im See- und Binnenschiffahrtverkehr auch im internationalen Eisenbahnverkehr begebbare Frachturkunden einzuführen, hat bereits auf den früheren Revisionskonferenzen eine Rolle gespielt. Man hat bisher aber stets mit Rücksicht auf die verhältnismäßig kurze Beförderungsdauer im europäischen Eisenbahnverkehr kein ausreichendes Bedürfnis hierfür anzuerkennen vermocht. Für die römische Konferenz hatte eine Reihe von Staaten eingehende Anträge vorgelegt, die das jetzt in Artikel 6 § 6 d enthaltene unbedingte Verbot der Einführung solcher Papiere nicht mehr aufrecht erhalten wollten und damit zum Ausdruck brachten, daß sie in gewisser Beziehung ein Bedürfnis für eine handelsfähiges Papier im Eisenbahnverkehr anerkennen. Die Vorschläge zerfielen in zwei Gruppen:

a) Italien, Jugoslawien, Österreich, Polen und Ungarn wollten es einzelnen Staaten ermöglichen, im Verkehr miteinander für bestimmte Sendungen an Order lautende Frachtbriefe einzuführen und hatten hierfür eine besondere Rechtsordnung vorgelegt, die dem IÜG. als Anlage beigefügt werden sollte.

b) Die Niederlande und die Tschechoslowakei wollten demgegenüber auf Grund einer Anregung des Internationalen Eisenbahnverbands den Käufer rollenden Eisenbahnguts gegen nachträgliche Verfügungen des Absenders dadurch schützen, daß die Eisenbahn auf entsprechenden Antrag des Absenders hin durch entsprechende Ergänzung des IÜG. verpflichtet wird, Sendungen erst dann an den Empfänger abzuliefern, wenn dieser der Eisenbahn das Frachtbriefdoppel zurückgibt (Begebbarkeit im engeren Sinn).

Bei der Beratung dieser Anträge war die Mehrheit der Staaten der Meinung, daß das jetzt bestehende unbedingte Verbot der Einführung begebbarer Frachturkunden im Eisenbahnverkehr nicht mehr aufrechterhalten werden könnte. Man war sich aber darin einig, daß kein Bedürfnis dafür besteht, im internationalen Eisenbahnverkehr die allgemeine Einführung begebbarer Frachtbriefe zwingend vorzuschreiben. Anderseits wollte man aber den Staaten, die hierfür ein Bedürfnis anerkennen, die Möglichkeit zur Einführung solcher Papiere nicht verschließen. Um die verschiedenen Wege für die Regelung des Verkehrs mit begebbaren Frachtpapieren nicht von vornherein zu beschränken, sondern hier vorerst noch Erfahrungen zu sammeln, sieht der Entwurf des IÜG. davon ab, im Übereinkommen selbst oder in einer seiner Anlagen die Staaten, die solche Papiere einführen wollen, auf ein bestimmtes Rechtsystem festzulegen. Nach dem neuen Artikel 61 § 3 soll es vielmehr den Staaten oder Eisenbahnen möglich sein, begebbare Frachtpapiere im weiteren Sinn (also auch Order-Frachtbriefe) einzuführen oder auch die Begebbarkeit im engeren Sinn vorzusehen, wie sie dem Vorschlag des Internationalen Eisenbahnverbands entspricht (Ablieferung des Guts nur gegen Rückgabe des Frachtbriefdoppels). Durch die Sondervorschrift des Artikels 61 § 3 ist für den Bereich dieser Vereinbarungen das im neuen IÜG. für die von ihnen nicht erfaßten Sendungen noch weiter enthaltene Verbot des Artikels 6 § 6 d, Frachtbriefe mit der Anschrift „an Order von . . .“ oder „an den Inhaber des Frachtbriefdoppels“ zu versehen, außer Kraft gesetzt worden.

Auf Grund dieser Ermächtigungsvorschriften haben noch während der Verhandlungen in Rom die an der Einführung begebbarer Frachtbriefe hauptsächlich interessierten Staaten untereinander ein Abkommen geschlossen, das die wichtigsten Einzelheiten regelt. Dieses Abkommen ist aber weder Bestandteil des IÜG., noch eine Anlage zu diesem und bedarf zur Inkraftsetzung einer besonderen Ratifizierung durch die beteiligten Staaten.

Die mit der Einführung begebbarer Frachturkunden zusammenhängenden äußerst schwierigen Rechtsfragen können im Rahmen dieses Aufsatzes nicht behandelt werden. Es sei hier besonders auf eine grundlegende Abhandlung von Spieß[1] verwiesen.

---

[1] Spieß: Handelsfähigkeit und wechselmäßige Begebbarkeit der Frachturkunden im Eisenbahnverkehr. Zeitschrift des Internationalen Eisenbahnverbands 1933 S. 45 ff. u. 81 ff.

II. Sonstige Bestimmungen des IÜG. über den Frachtvertrag mit Ausnahme der Haftungsvorschriften.

1. Die Bezeichnung der Güter im Frachtbrief.

Nach dem jetzigen Artikel 6 § 6e muß der Absender die Güter wie folgt bezeichnen:

„Die in der Anlage 1 enthaltenen Güter nach der in dieser Anlage gewählten Bezeichnung, die in der Güterklassifikation oder im Tarif aufgeführten Güter nach der daselbst gewählten Bezeichnung, die übrigen Güter nach ihrer handelsüblichen Bezeichnung."

Diese Vorschrift war insofern vielfach schwer zu erfüllen, weil es noch keine einheitliche internationale Güterklassifikation gibt, und nicht in allen Fällen ein direkter internationaler Tarif besteht. In zahlreichen Verbindungen müssen vielmehr die Güter, falls keine direkten Tarife bestehen, oder wenn der Absender trotz Bestehens eines direkten Tarifs einen anderen Tarif oder Weg vorschreibt, verschiedene Verbands- und Binnentarife im Weg gebrochener Abfertigung aneinandergereiht werden. Da die einzelnen Güterarten in diesen Tarifen verschieden bezeichnet werden, ist es dem Absender unmöglich, das Gut so zu bezeichnen, daß es dem Wortlaut der Tarife sämtlicher am Beförderungsvertrag beteiligten Eisenbahnen entspricht. Diese Schwierigkeiten haben dazu geführt, daß nach der Neufassung des Artikels 6 § 6e der Absender die Güter grundsätzlich nur mit der ihrer Beschaffenheit entsprechenden handelsüblichen Bezeichnung im Frachtbrief anzugeben braucht. Nur wenn der Absender die Anwendung eines bestimmten Tarifs verlangt, muß er die Güter nach der in diesem Tarif gewählten Benennung angeben. Man wird aber auch hier keine genaue wörtliche Übereinstimmung mit der betreffenden Tarifstelle verlangen dürfen. Nach der auch sonst allgemein bestehenden Rechtsauffassung[1] wird es vielmehr ausreichen, wenn die Angabe so genau ist, daß sie mit hinreichender Klarheit ohne weiteres auf die in Frage kommende Tarifstelle hinweist. Grundsätzlich ist also die Anwendung eines Tarifs durch die Eisenbahn nicht davon abhängig, daß ein Gut diesem Tarif entsprechend bezeichnet ist. Die Eisenbahn muß vielmehr nach dem neuen IÜG. auch bei handelsüblicher Bezeichnung des Guts pflichtmäßig prüfen, welche Tarife nach den Vorschriften des Artikels 10 der Frachtberechnung zugrunde gelegt werden müssen. Es genügt also stets die handelsübliche Bezeichnung des Guts, um dem Absender die vorschriftsmäßige Tarifanwendung zu sichern. Falls das vom Internationalen Eisenbahnverband in mehreren Sprachen ausgearbeitete internationale Güterverzeichnis, das zur Zeit

[1] Vgl. Loening, IÜG. Bemerkung 4e zu Artikel 6.

nur dem Gebrauch der Eisenbahnen dient, der Öffentlichkeit übergeben werden sollte, so würde dies wesentlich dazu beitragen, den Begriff der handelsüblichen Bezeichnung in den einzelnen Ländern zu vereinheitlichen und die Anwendung der Tarifbestimmungen zu erleichtern.

2. Die Nachprüfung der Frachtbriefangaben.

Die jetzigen Bestimmungen über die Nachprüfung der Angaben des Absenders im Frachtbrief sind an mehreren Stellen abgeändert oder klarer gefaßt worden.

a) Von wichtigeren Punkten sei zunächst hervorgehoben, daß Artikel 7 Ziffer 2 dahin klargestellt worden ist, daß die Eisenbahn nur bei der Nachprüfung des Inhalts einer Sendung — also nicht bei der Nachprüfung der Angaben über das Gewicht und die Stückzahl — die Beteiligten und u. U. bahnfremde Zeugen zuziehen muß. Für den jetzigen Text, der an dieser Stelle allgemein von der Nachprüfung der Angaben des Frachtbriefs spricht, ist die Frage umstritten (vgl. Loening, IÜG. Bem. 2 zu Artikel 7 § 2 S. 139, abweichend Seligsohn, IÜG. Anm. 7 und 8 zu Artikel 7 S. 93 ff.).

b) Das Recht der Eisenbahn zur Nachprüfung des Inhalts der Sendung auf einer Unterwegstation ist einer Anregung der Internationalen Handelskammer entsprechend wesentlich eingeschränkt worden, weil hier zwar zwei bahnfremde Zeugen, nicht aber Absender oder Empfänger bei der Nachprüfung zuzuziehen sind. Bei den teilweise sehr verwickelten Tarifbestimmungen sind aber vielfach nur die Parteien des Frachtvertrags in der Lage, die bei der Feststellung nötigen Aufklärungen zu geben. Demgemäß darf die Nachprüfung nach dem neuen Artikel 7 § 2 Abs. 2 letzter Satz nur noch dann stattfinden, wenn die Erfordernisse des Betriebs oder Vorschriften der Zoll-, Steuer-, Finanz-, Polizei- oder sonstiger Verwaltungsbehörden es verlangen. Aus Gründen des Eisenbahnbetriebs wird die Nachprüfung vor allem dann erforderlich sein, wenn die Betriebsicherheit oder sonst der regelmäßige Verlauf der Beförderung gefährdet ist, sei es, weil die Eisenbahn vermutet, daß die Sendung Güter enthält, die von der Beförderung ausgeschlossen sind, oder daß nur bedingungsweise zur Beförderung zugelassene Gegenstände unter Außerachtlassung der vorgeschriebenen Vorsichtsmaßregeln aufgegeben worden sind, oder daß eine Wagenüberlastung vorliegt. Wenn auch zu berücksichtigen ist, daß das französische Wort „exploitation“, das für den Text in erster Linie maßgebend ist, nicht nur den Betrieb im engeren Sinn mitumfaßt, so ist die neue Bestimmung doch nicht ganz unbedenklich. Denn bei Beförderungen, an denen mehr als zwei Staaten beteiligt sind, werden die Eisenbahnen der Durchgangstaaten vielfach überhaupt nicht mehr das Recht haben, den Inhalt einer Sendung zum Zweck der Frachtberechnung nachzuprüfen.

c) Zum Schutz der Verfrachter ist neu bestimmt worden, daß die Eisenbahn das Ergebnis der Nachprüfung des Inhalts der Sendung, wenn es von den Eintragungen im Frachtbrief abweicht, auf diesem vermerken muß. Bei einer Nachprüfung auf der Versandstation ist der Vermerk auch auf das Frachtbriefdoppel zu setzen, wenn es sich noch in den Händen der Eisenbahn befindet.

d) Für die Ermittlung und Nachprüfung des Gewichts oder der Stückzahl und die Feststellung des wirklichen Eigengewichts des Guts sind auch weiterhin die Gesetze und Vorschriften der einzelnen Staaten maßgebend. Deutschland hatte beantragt, allgemein die Eisenbahn wenigstens zu verpflichten, einem Antrag des Verfügungsberechtigten auf besondere Verwiegung des leeren Wagens zu entsprechen, wenn nicht zwingende Gründe des Betriebs entgegenstehen, weil bei Wagenladungen abweichende Gewichtsfeststellungen vielfach nur darauf beruhen, daß das Eigengewicht am Wagen falsch angeschrieben ist. Dieser Antrag wurde jedoch abgelehnt, weil die betrieblichen Verhältnisse nicht nur bei den einzelnen Eisenbahnen, sondern auch auf den einzelnen Eisenbahnstrecken so verschieden sind, daß man eine solche allgemeine Verpflichtung für zu weitgehend hielt.

Ein gewisser Fortschritt in der Regelung dieser Angelegenheit ist aber dadurch erzielt worden, daß nach dem neuen zweiten Absatz des § 3 die Eisenbahn ebenso wie bei der Nachprüfung des Inhalts der Sendung verpflichtet ist, im Frachtbrief das Ergebnis der Feststellungen über das Gewicht und die Stückzahl der Sendung sowie das wirkliche Eigengewicht des Wagens anzugeben.

Es entsteht hier — ebenso wie bei der unter c) behandelten Verpflichtung der Eisenbahn zum Vermerk abweichender Feststellungen bei der Inhaltsangabe — die Frage, ob die Eisenbahn sich auf das Ergebnis ihrer Nachprüfung auch dann berufen kann, wenn sie es unterlassen hat, den Vermerk auf dem Frachtbrief anzubringen. Aus der Fassung der Vorschrift ergibt sich, daß diesem Vermerk keine rechtsbegründende oder rechtsvernichtende Bedeutung zukommt, sondern daß er vielmehr nur nachrichtlich anzubringen ist. In Artikel 16 § 1 ist deshalb auch die Fassung gewählt worden, daß der Empfänger die „sich aus dem Frachtbrief e r g e b e n d e n Beträge" bezahlen muß, auch wenn sie aus ihm nicht ersichtlich sind. Ergibt sich also aus dem Frachtbrief, daß z. B. das Gut falsch bezeichnet worden ist, so wird der Empfänger von der Pflicht zur Zahlung eines Frachtzuschlags nicht dadurch befreit, daß es die Eisenbahn unterlassen hat, die ihn begründende Tatsache im Frachtbrief zu vermerken.

e) Die Bestimmungen über die Erhebung von Frachtzuschlägen sind in mehrfacher Beziehung zugunsten der Verfrachter abgeändert worden. Hervorgehoben sei hier, daß nach dem neuen zweiten Absatz des Artikels 7 § 5 b bei Sendungen, die aus Gütern bestehen, für die verschiedene Frachtsätze gelten, der Frachtzuschlag nicht für die ganze Sendung, sondern für jedes dieser Güter getrennt berechnet wird, wenn das Gewicht der Güter leicht festgestellt werden kann, und diese Berechnung einen niedrigeren Frachtzuschlag ergibt.

Schließlich sei hier noch erwähnt, daß nach dem neuen Buchstaben e des Artikels 7 § 7 bei unrichtiger Gewichtsangabe ohne Wagenüberlastung kein Frachtzuschlag erhoben wird, wenn der Unterschied zwischen dem im Frachtbrief angegebenen und dem festgestellten Gewicht 2 % des angegebenen Gewichts nicht übersteigt.

3. Die Vorschriften über die Tarife und die Frachtberechnung.

a) Allgemeines.

Das IÜG. von 1923 behandelt die Grundsätze für die Frachtberechnung und die Tarife der Eisenbahn in zwei Artikeln, von denen der erste (Artikel 9) die Grundsätze für die Frachtberechnung sowie die Tarife und Wegevorschriften behandelt, während Artikel 10 die Überschrift trägt: „Verbot von Sonderübereinkommen". Das neue IÜG. hat diese Artikel teilweise umgestellt, und zwar behandelt Artikel 9 künftig die Grundsätze für die Tarife und das Verbot von Sonderabmachungen, weil es sich hierbei um Fragen von grundsätzlicher Bedeutung handelt. Der neue Artikel 10 behandelt demgegenüber die mehr abfertigungstechnischen Fragen der Frachtberechnung und der Wegevorschriften. Man wird die neue Stoffgliederung als einen Fortschritt bezeichnen können, weil sie die wesentlichen Fragen mehr als bisher zusammenfaßt und damit schärfer herausarbeitet.

Was den Inhalt der neuen Vorschriften über die Eisenbahntarife betrifft, so sei nochmals hervorgehoben, daß sie den bisherigen Grundsatz der Öffentlichkeit der Tarife und der Gleichbehandlung aller Verfrachter in den Tarifen unverändert beibehalten. An den entscheidenden Stellen hat es die römische Konferenz auch peinlichst vermieden, irgendeine Änderung des bisherigen Wortlauts vorzunehmen, obwohl die jetzige Fassung in gewisser Beziehung zu Zweifeln Anlaß geben kann[1].

---

[1] Vgl. des näheren Spieß für den fast gleichen Wortlaut des § 6 EVO. in Zeitung des Vereins Mitteleuropäischer Eisenbahnverwaltungen 1932 S. 637 ff

Dieses gewiß erfreuliche Ergebnis ist in voller Einmütigkeit erzielt worden, ohne daß dabei Meinungsverschiedenheiten in der grundsätzlichen Frage ausgetragen werden mußten. In der Zusammenstellung der von den einzelnen Staaten beim Zentralamt für die internationale Eisenbahnbeförderung eingereichten Anträge hatten sich allerdings Anträge der Tschechoslowakei und der Regierungskommission des Saargebiets gefunden, die darauf abzielten, die tariflichen Bindungen der Eisenbahnen in gewissem Umfang aufzuheben, weil diese noch aus einer Zeit stammen, in der die Eisenbahnen im Landverkehr tatsächlich ein Monopol hatten, das aber inzwischen durch den Wettbewerb der anderen, in der Festsetzung ihrer Beförderungspreise freien Verkehrsmittel, namentlich des Kraftwagens, in ganz erheblichem Umfang durchbrochen worden sei. Nach der Auffassung der Antragsteller müsse es künftig auch der Eisenbahn möglich sein, Sondervereinbarungen mit ihren Kunden zu treffen. Die Annahme dieser Anträge hätte einen der hauptsächlichsten Grundsätze der Übereinkommen aufgehoben und damit auch den Gedanken eines internationalen Eisenbahnbeförderungsrechts an einer seiner empfindsamsten Stellen getroffen. Denn bei einer Aufhebung oder Lockerung der tarifarischen Bindungen der Eisenbahnen hätte die Gefahr bestanden, daß diese ihre Tarife auch gegenseitig in immer steigendem Maß unterboten hätten, so daß schließlich von einer gedeihlichen Zusammenarbeit der Eisenbahnen miteinander keine Rede mehr gewesen wäre. Abgesehen hiervon spielt gerade im internationalen Eisenbahnverkehr der Wettbewerb des Kraftwagens keine solche Rolle, daß man um seinetwillen zu einem solchen Schritt von unübersehbarer Tragweite gezwungen gewesen wäre, der den Eisenbahnen selbst den schlechtesten Dienst erwiesen hätte. Aus diesen Erwägungen heraus hatte auch die Tschechoslowakei ihren Antrag bereits vor Beginn der Konferenz zurückgezogen, die Regierungskommission des Saargebiets hat dies während der Verhandlungen der Konferenz getan.

b) Die Veröffentlichung der Tarife.

Das gegenwärtige Übereinkommen enthält überhaupt keine Vorschriften über die Veröffentlichung der Tarife, sondern bestimmt in Artikel 9 § 1 lediglich, daß die Fracht usw. „nach den in jedem Staat zu Recht bestehenden und gehörig veröffentlichten Tarifen zu berechnen ist“. Was als gehörige Veröffentlichung anzusehen ist, richtet sich ausschließlich nach dem inneren Recht der einzelnen Staaten. Der Tarif kann erst dann in Kraft treten, wenn die vorgeschriebenen Veröffentlichungsfristen in den Staaten aller an ihm beteiligten Eisenbahnen abgelaufen sind[1].

Um in dieser für die Verfrachter sehr wichtigen Angelegenheit eine größere Rechtsicherheit zu schaffen, hatten mehrere Staaten, u. a. auch Deutschland, auf Grund von Vorarbeiten des Vereins Mitteleuropäischer Eisenbahnverwaltungen Anträge gestellt, wonach Erhöhungen und andere Erschwerungen der Beförderungsbedingungen erst nach einer im IÜG. festgesetzten Frist in Kraft treten dürfen. Die Konferenz hat sich diesen Anträgen nicht verschlossen und dem Artikel 9 § 1 einen Zusatz gegeben, wonach Erhöhungen internationaler Tarife und andere Erschwerungen ihrer Beförderungsbedingungen frühestens 15 Tage nach ihrer Veröffentlichung in Kraft treten. Ob allerdings diese Frist ausreichend ist, um den Bedürfnissen der Wirtschaft zu genügen, kann fraglich erscheinen.

Da der Eingang des Artikels 9 § 1, wonach die internationalen Tarife „in jedem Staat zu Recht bestehen und gehörig veröffentlicht" sein müssen, unverändert geblieben ist, bleiben also auch weiterhin für die Veröffentlichung der Tarife in erster Linie die einzelstaatlichen Gesetze und Vorschriften maßgebend. Sehen diese also für Tariferhöhungen und andere Erschwerungen der Beförderungsbedingungen eine längere Frist als 15 Tage vor, so kann der betreffende Tarif in diesen Staaten auch erst nach dieser Frist in Kraft treten. Die neue Vorschrift hat also nur die Bedeutung, daß landesrechtliche Vorschriften für internationale Tarife insoweit unwirksam sind, als sie eine kürzere als fünfzehntägige Veröffentlichungsfrist zulassen.

c) Artikel 9 hat ferner auf Antrag zahlreicher Staaten einen Zusatz erhalten, wonach internationale Tarife nur in den Staaten veröffentlicht zu werden brauchen, deren Eisenbahnen an diesen Tarifen als Versand- und Empfangsbahn beteiligt sind. Die Tarife brauchen also in den Durchgangstaaten nicht mehr veröffentlicht zu werden. Den Verfrachtern in diesen Staaten erwächst hieraus kein Nachteil, weil sie sich der betreffenden Tarife ohnedies nicht bedienen können. Für die Durchgangsbahnen tritt hingegen eine wesentliche Vereinfachung dadurch ein, daß sie die häufigen, vielfach nur geringfügigen Änderungen dieser Tarife nicht mehr zu veröffentlichen brauchen.

d) Die Vorschriften über die Frachtberechnung.

Wie bereits hervorgehoben, sind die Frachtberechnungs- und Wegevorschriften in einem besonderen Artikel (Artikel 10) zusammengefaßt

[1] Loening: IÜG. Bemerkung 3 zu Artikel 9, Seligsohn: IÜG. Anmerkung 5 zu Artikel 9.

worden. Für diesen Gegenstand, der nur mit größten Schwierigkeiten in gesetzliche Bestimmungen zu fassen ist, lag ein eingehender, auf gründlichen Vorarbeiten beruhender ungarischer Antrag vor, der den Versuch machte, durch eine völlige Umarbeitung der jetzigen Bestimmungen eine größere Klarheit und Brauchbarkeit für den praktischen Dienst zu erzielen. Die von Ungarn vorgeschlagene Neufassung ist von der Konferenz nicht übernommen worden. Dies wäre auch nur nach einer ganz eingehenden Sonderprüfung in Frage gekommen, die im Rahmen einer derart großen Konferenz nicht möglich war (vgl. die obigen Ausführungen unter A.) Der neue Artikel 10 übernimmt sonach fast wörtlich die jetzigen Bestimmungen des Artikels 9 § 3 a) bis h).

In einem nicht unwichtigen Punkt ist einem Antrag von Deutschland und Österreich zufolge die Rechtslage der Verfrachter verbessert worden. Dem Wunsch der Wirtschaft auf Gewährung eines allgemeinen Anspruchs auf die billigste Frachtberechnung hat die Konferenz in gewisser Beziehung Rechnung getragen, indem sie der jetzigen Aufzählung der Frachtberechnungsvorschriften einen neuen Buchstaben i) folgenden Wortlauts hinzugefügt hat:

> i) Hat die Eisenbahn nach den Vorschriften unter d) und e) zweiter Absatz einen direkten internationalen Tarif angewendet, nach dem sich die Fracht höher stellt als durch Zusammenstoß sonstiger auf demselben Beförderungsweg geltender Tarife, und sind die Anwendungsbedingungen dieser Tarife erfüllt, so hat die Eisenbahn die Mehrfracht auf Antrag des Berechtigten zu erstatten.

Es wird damit also den Verfrachtern ein Anspruch auf billigste Frachtberechnung auf dem tatsächlich befahrenen Weg gewährt.

4. Die Haftung des Absenders für Verpackungsmängel.

In der Frage der Haftung der Eisenbahn für unverpackte oder mangelhaft verpackte Güter hat der Entwurf in Artikel 28 § 1 b die vom IÜG. von 1923 neu eingeführte Regelung beibehalten, die sehr einfach und klar ist, indem sie weder zwischen anerkannten noch zwischen äußerlich erkennbaren und äußerlich nicht erkennbaren Verpackungsmängeln unterscheidet (vgl. des näheren Fritsch in dieser Zeitschrift 1924, S. 596 ff.). Es besteht, wie Fritsch zutreffend ausführt, nur noch der Unterschied, daß bei Fehlen eines Anerkenntnisses die Eisenbahn den Verpackungsmangel beweisen muß. Bei der entsprechenden Bestimmung im jetzigen Artikel 12 § 4 wird für die Haftung des Absenders für Verpackungsmängel gegenüber der Eisenbahn zwar die gleiche Wirkung erzielt, weil die Eisenbahn grundsätzlich die Mängel der Verpackung zu beweisen hat, wobei dieser Beweis bei anerkannten Verpackungsmängeln schon durch das Anerkenntnis selbst erbracht wird. Die Bestimmung ist aber sehr verwickelt gefaßt, wie sich aus folgendem Wortlaut ergibt:

§ 4. Der Absender haftet für die Folgen des Fehlens oder des mangelhaften Zustands der Verpackung, die in dieser Weise auf dem Frachtbrief anerkannt sind, sowie für äußerlich nicht erkennbare Mängel der Verpackung. Alle sich daraus ergebenden Schäden fallen dem Absender zur Last, der gegebenenfalls der Eisenbahn den von ihr erlittenen Schaden zu ersetzen hat.

Der Absender haftet auch für äußerlich erkennbare Mängel der Verpackung, die im Frachtbrief nicht anerkannt sind, wenn das Vorhandensein dieser Mängel von der Eisenbahn nachgewiesen wird.

Auf Grund eines Antrags von Jugoslawien hat der neue § 4 des Artikels 12 die bisherige Fassung wesentlich vereinfacht und sie damit auch äußerlich in Übereinstimmung mit Artikel 28 § 1b gebracht. Sie lautet wie folgt:

§ 4. Der Absender haftet für alle Folgen des Fehlens oder des mangelhaften Zustands der Verpackung. Insbesondere hat er der Eisenbahn den Schaden zu ersetzen, der ihr aus solchen Mängeln entsteht. Sofern das Fehlen oder der mangelhafte Zustand der Verpackung im Frachtbrief nicht anerkannt ist, hat die Eisenbahn die Mängel nachzuweisen.

5. Sonstige Bestimmungen des Güterverkehrs.

Die sonstigen Änderungen der Bestimmungen über den Güterverkehr berühren großenteils in erster Linie die Abfertigung der Güter.

a) Es sei zunächst hervorgehoben, daß die Lieferfristen in Anpassung an die gesteigerte betriebliche Leistungsfähigkeit der Eisenbahnen wesentlich herabgesetzt worden sind. Bei Frachtgut beträgt die Abfertigungsfrist künftig ebenso wie bei Eilgut nur einen Tag (jetzt zwei), die Beförderungsfrist beträgt bei Eilgut für je auch nur angefangene 300 (jetzt 250) km einen Tag, bei Frachtgut für je auch nur angefangene 150 km einen Tag (jetzt für je auch nur angefangene 250 km zwei Tage).

b) Ferner sind auf Grund eingehender Vorarbeiten des Vereins Mitteleuropäischer Eisenbahnverwaltungen die Vorschriften des Artikels 17 über die Zahlung der Kosten eingehend überprüft worden. Die Konferenz hat hier namentlich den einzelnen Frankaturvermerken teilweise eine andere Bedeutung gegeben und insbesondere künftig neben den bisherigen Möglichkeiten den Wünschen der Verfrachter entsprechend auch die Übernahme eines bestimmten Betrags durch den Absender zugelassen (§ 2 g). Das Recht des Absenders, die Beförderungs- oder sonstige Kosten bis zu einer Grenze oder Grenzstation zu übernehmen, bleibt daneben unverändert bestehen.

c) Die Vorschriften über die Verzollung der Güter (Artikel 15) sind im wesentlichen unverändert geblieben, obwohl auch hier eingehende Anträge mehrerer Staaten vorlagen, wonach die jetzigen Bestimmungen nicht nur sinnvoller gegliedert, sondern auch in gewisser Beziehung sachlich geändert werden sollten. Die Annahme dieser Anträge hätte es ermöglicht, bei der Verzollung mehr als bisher auf die Wünsche der Verfrachter Rücksicht zu nehmen. Auch hier war eine eingehende Durchprüfung ähnlich wie bei dem ungarischen Antrag zu Artikel 9 im Rahmen der Konferenz nicht möglich.

Die Neufassung des Artikels 15 bringt insbesondere eine Klarstellung des zweiten Absatzes des § 2, der in seiner jetzigen Fassung in gewisser Beziehung mit dem sonstigen Inhalt des Artikels 15 in Widerspruch steht.

Ein neuer Absatz im § 1 bestimmt ferner, daß der Vermerk „franko Zoll" im Frachtbrief als Antrag auf Besorgung der Zollbehandlung durch die Eisenbahn gilt, wobei es dieser überlassen bleibt, die Zollbehandlung unterwegs oder auf der Bestimmungstation zu besorgen.

In der Frage der Haftung der Eisenbahn für die dem Frachtbrief beigegebenen Begleitpapiere für die Zoll- usw. Behandlung ist in dem jetzigen Artikel 13 § 2 letzter Absatz bestimmt, daß die Eisenbahn hierfür nach den Bestimmungen des Titels III, also ebenso wie für Güter haftet. Diese Vorschrift lautet im neuen IÜG. wie folgt:

> „Die Eisenbahn haftet für die Folgen des Verlusts oder der unrichtigen Verwendung der im Frachtbrief erwähnten und der ihm entweder beigegebenen oder bei der Eisenbahn hinterlegten Papiere wie ein Kommissionär, sie hat aber in keinem Fall einen höheren Schadenersatz zu leisten, als bei Verlust des Guts."

Die jetzige Vorschrift ist geändert worden, weil die Bestimmungen des Tit. III für die Papiere als solche nicht in Betracht kommen. Es entspricht vielmehr der Sachlage, daß die Eisenbahn, die nach Artikel 15 § 1 letzter Satz bei der Erfüllung der Zoll- usw. Vorschriften die Pflichten eines Kommissionärs hat, auch für die Folgen des Verlusts oder der unrichtigen Verwendung dieser Papiere nach diesen Grundsätzen haftet.

Hat der Verlust oder die unrichtige Verwendung der Papiere einen Verlust des Guts selbst oder einen sonstigen Schaden an diesem zur Folge, so haftet die Eisenbahn nach den Vorschriften des Tit. III, auch ohne daß auf diese im Artikel 13 verwiesen werden müßte.

d) Von einer gewissen rechtlichen Bedeutung ist eine Änderung des Artikels 16, § 1, zweiter Absatz. Diese Vorschrift lautet jetzt:

> Durch die Annahme d e s G u t s u n d des Frachtbriefs wird der Empfänger verpflichtet, der Eisenbahn die aus dem Frachtbrief sich ergebenden Beträge zu bezahlen.

Im neuen IÜG. sind hier die oben hervorgehobenen Worte „des Guts und“ gestrichen worden, so daß künftig a l l e i n die F r a c h t b r i e f - e i n l ö s u n g die Verpflichtung des Empfängers zur Zahlung der Fracht begründet. Die Konferenz wollte damit auch im Gesetz den Bedürfnissen der Eisenbahnen Rechnung tragen, denen es schon von jeher zur Erzielung eines geordneten und übersichtlichen Abfertigungsverfahrens geboten erschien, dem Empfänger den Frachtbrief erst auszuhändigen, nachdem dieser die sich aus dem Frachtbrief ergebenden Beträge, d. i. vor allem die Fracht, bezahlt hat. Wenn das jetzige Übereinkommen übereinstimmend mit § 436 des Deutschen Handelsgesetzbuchs schon von jeher den Empfänger erst durch Annahme des Frachtbriefs und des Guts zahlungspflichtig werden läßt, so beruht diese Bestimmung ihrer Entstehungsgeschichte nach auf den einfachen Verhältnissen des Landfrachtgeschäfts, bei dem mit der Ankunft des Frachtführers auch das Gut zugleich mit dem Frachtbrief ankam, und bei dem sich das Ablieferungsgeschäft in der einfachsten Weise vollzog. Bei den größeren Verhältnissen des Eisenbahnverkehrs und bei seinem mit wachsendem Verkehr immer unübersichtlicher gewordenen Abfertigungsgeschäft liegen die Verhältnisse völlig anders. Hier hat die Entwicklung zwangsläufig dazu geführt, daß für das Abfertigungsgeschäft der Frachtbrief mehr und mehr das Gut vertritt. Dieser Gedanke kommt ja auch im Wunsch nach Einführung begebbarer Frachtbriefe zum Ausdruck. Im Zug dieser Entwicklung liegt es daher, wenn die Zahlungspflicht des Empfängers bereits durch die Einlösung des Frachtbriefs begründet wird. Hierdurch wird auch eine klarere Regelung der Rechtsbeziehungen für den Fall ermöglicht, daß der Empfänger die Annahme des Guts nach der Einlösung des Frachtbriefs verweigert. Die deutsche EVO. enthält in § 80 (6) bereits diese Regelung, indem sie bestimmt, daß in einem solchen Fall die Eisenbahn überhaupt nicht mehr die Anweisung des Absenders einzuholen, sondern das Gut sofort auf Kosten des Empfängers auf Lager zu nehmen hat.

Die Frage, ob das Gut am Bestimmungsbahnhof überhaupt ankommt oder unterwegs verloren geht, hat mit der Frage der Frachtzahlung nichts zu tun. Auch nach der jetzigen Regelung erlangt der Empfänger bereits durch die Frachtbriefeinlösung das Verfügungsrecht über das Gut und damit auch ein eigenes Reklamationsrecht für den Fall des Verlusts, der Minderung oder Beschädigung des Guts.

e) In Artikel 16, § 3, Satz 2, sind die im folgenden besonders hervorgehobenen Änderungen eingetreten. § 3 lautet künftig wie folgt:

§ 3. Nach Ankunft des Guts auf der Bestimmungstation ist der Empfänger berechtigt, von der Eisenbahn die Übergabe des Frachtbriefs und die Ablieferung des Guts zu verlangen. Ist der Verlust des Guts festgestellt, oder ist das Gut innerhalb der in Artikel 30, § 1, vorgesehenen Frist nicht angekommen, so kann der Empfänger seine Rechte aus dem Frachtvertrag gegen vorherige Erfüllung der sich daraus für ihn ergebenden Verpflichtungen im eigenen Namen gegen die Eisenbahn geltend machen.

Dadurch ist einmal klargestellt, daß der Empfänger für den Fall, daß der Verlust des Guts einwandfrei feststeht, wie dies namentlich bei Teilverlust der Fall sein wird, nicht den Ablauf der in Artikel 30, § 1, vorgesehenen Frist abzuwarten braucht, ehe er Entschädigung verlangen kann. Aus der Hinzufügung der Worte „für ihn" ergibt sich ferner, daß der Empfänger nicht verpflichtet ist, Beträge, deren Zahlung nach Artikel 17 dem Absender obliegt, zu bezahlen.

f) Erwähnt sei ferner, daß in Artikel 19 die Frist für die Auszahlung von Nachnahmen von drei Monaten auf sechs Wochen nach Ablieferung des Guts herabgesetzt worden ist.

g) Einen Antrag auf Einführung von Vorschriften für beschleunigtes Eilgut in das IÜG. hat die Konferenz aus folgenden Gründen abgelehnt. Die Ausdehnung dieser Beförderungsart, die bisher nur in einigen Ländern bestehe, auf die anderen Staaten sei auch im Hinblick auf den Wettbewerb des Kraftwagens nicht angezeigt. Denn dieser kenne keine solche Vielzahl von Beförderungsarten und Tarifen, sondern befördere jedes Gut auf dem schnellsten Weg. Im übrigen sei dem Bedürfnis nach einem internationalen Schnellverkehr durch die neu geschaffene internationale Ordnung für die Beförderung von Expreßgut Rechnung getragen.

h) Zu erwähnen ist schließlich, daß die Konferenz auch ein neues Muster für einen internationalen Frachtbrief (Anlage II) ausgearbeitet hat, das, von ganz geringfügigen Änderungen abgesehen, einem deutschen Vorschlag entspricht und außerdem mit dem von der Internationalen Handelskammer ausgearbeiteten Muster fast völlig übereinstimmt. Für gewisse Verkehre zwischen Nachbarländern können die Tarife ein kleineres Frachtbriefmuster vorsehen. So werden also künftig zwei internationale Frachtbriefmuster im Verkehr sein, was allerdings in mancher Beziehung unerwünscht ist.

Wegen einiger weiterer Änderungen der Bestimmungen des IÜG. von geringerer Wichtigkeit sei auf den bereits erwähnten Aufsatz von Dr. Jelinek im Wiener Allgemeinen Tarifanzeiger 1933 Seite 1453 ff. verwiesen.

III. Haftungsvorschriften des IÜG.

1. Allgemeines

Die Vorschriften über die Haftung der Eisenbahn für Verlust, Minderung, Beschädigung und Lieferfristüberschreitung von Gütern haben in der letzten Neufassung des IÜG. vom 23. Oktober 1924 einige Änderungen von grundsätzlicher Bedeutung erfahren, die in der bereits mehrfach erwähnten Abhandlung von Fritsch in dieser Zeitschrift (1924 S. 587 ff.) eingehend behandelt worden sind. Wie im folgenden dargelegt wird, hat die römische Konferenz diese Grundsätze nicht angetastet, sondern nur Vorschriften von nicht grundsätzlicher Bedeutung geändert. Fritsch (S. 592 ff. unter Abschnitt B II 2) hebt mit Recht hervor, daß die wichtigste Neuerung des IÜG. von 1924 in der Beseitigung des Kostbarkeitsbegriffs und in der Einführung eines allgemeinen Haftungshöchstbetrags bestand. Eine Abänderung dieses Grundsatzes war von keinem Staat beantragt worden, weil sich die bisherigen Vorschriften im allgemeinen bewährt hatten. Diese Regelung hat vor allem den Vorzug, daß auch die hochwertigsten Güter in gleicher Weise wie geringwertige Massengüter bedingungslos zur Beförderung angenommen werden müssen, denn die Eisenbahn haftet für jedes Gut nur bis zum gleichen Höchstbetrag.

Auf Grund einer Anregung des Vereins Mitteleuropäischer Eisenbahnverwaltungen hatten einige Staaten beantragt, künftig bei „Edelmetallen, Geld aus Edelmetallen, Papieren mit Geldwert, auch amtlichen Wertzeichen" die Annahme zur Beförderung von besonderen im Tarif vorzusehenden Bedingungen abhängig zu machen. Wenn auch durch die Annahme dieses Antrags die leidige Kostbarkeitenfrage nicht wieder aufgerollt worden wäre, weil die einzelnen Wertgegenstände ihrer Art nach aufgezählt sind, und die allgemeine in der Fassung des IÜ. von 1890 noch angefügte Generalklausel „sowie andere Kostbarkeiten" in dem Antrag nicht enthalten war, so war er doch mit dem Grundsatz unvereinbar, daß der Wert eines Guts nicht mehr dazu führen soll, seine Beförderung von besonderen Bedingungen abhängig zu machen. Aus diesen Gründen fand der Antrag keine Unterstützung in der Konferenz und wurde zurückgezogen.

Wenn somit die Konferenz an dem Grundsatz einer der Höhe nach beschränkten Haftung der Eisenbahn festgehalten hat, so hat sie sich doch den Anträgen einiger Staaten auf Erhöhung des für besondere Fälle als unzureichend erwiesenen Höchstbetrags nicht verschlossen. Nach dem neuen Artikel 29, der auch übersichtlicher gefaßt worden ist, haftet die Eisenbahn künftig bis zum Doppelten des jetzigen Höchstbetrags, also bis zu 100 Goldfranken für jedes fehlende Kilogramm des Rohgewichts. Die Bestimmung des Artikels 36, daß die Eisenbahn bei Vorsatz oder grober Fahrlässigkeit bis zum Doppelten dieses Höchstbetrags haftet, ist geblieben, so daß also u. U. für das Kilogramm 200 Franken zu zahlen sind.

Die Beibehaltung des Haftungshöchstbetrags für den Fall des Vorsatzes und der groben Fahrlässigkeit der Eisenbahn war auf der Konferenz stark umstritten. Von mehreren Staaten war beantragt worden, die Eisenbahn hier unbeschränkt haften zu lassen, weil die Begrenzung der Haftung den allgemeinen Rechtsgrundsätzen widerspreche. Wenn auch die Beibehaltung des Höchstbetrags in Artikel 36 von rein rechtlichen Gesichtspunkten aus als ein starker Schönheitsfehler des Übereinkommens anzusehen ist, so sprechen doch überwiegende Zweckmäßigkeitsgründe für die Beibehaltung des jetzigen Rechtszustands. Denn auch dieser ist eine Folge der Beseitigung des Kostbarkeitsbegriffs. Würde die Eisenbahn Gefahr laufen, bei Vorsatz oder grober Fahrlässigkeit für den vollen Schaden zu haften, also bei Kostbarkeiten u. U. sehr hohe Beträge zahlen zu müssen, so würde dies angesichts der bedingungslosen Annahme von Kostbarkeiten zur Beförderung unbillig sein und von seiten der Eisenbahnen aus das Verlangen rechtfertigen, solche Bedingungen wieder einzuführen. Damit würde aber allen mit dem Kostbarkeitsbegriff verbundenen Unzuträglichkeiten wieder Tür und Tor geöffnet werden.

Mit der Verdoppelung der Höchstbeträge dürfte auch beim Vorliegen von Vorsatz oder grober Fahrlässigkeit der Eisenbahn allen berechtigten Wünschen der Verfrachter Rechnung getragen sein.

2. Umfang der Haftung (Artikel 27).

a) Haftung für Überschreitung der Lieferfrist.

In Artikel 27, § 1, der den Grundsatz der Eisenbahnhaftung im allgemeinen ausspricht, heißt es künftig nicht mehr:

„Die Eisenbahn haftet . . . für den S c h a d e n , der durch gänzlichen oder teilweisen Verlust... oder durch Ü b e r s c h r e i t u n g d e r L i e f e r f r i s t entsteht“,
sondern:

„Die Eisenbahn haftet . . . für die Ü b e r s c h r e i t u n g d e r L i e f e r f r i s t u n d f ü r d e n S c h a d e n , der durch gänzlichen oder teilweisen Verlust . . . entsteht.“

Artikel 27, § 3, lautet demgemäß künftig nicht mehr:

„Sie ist von der Haftung für den durch Überschreitung der Lieferfrist entstandenen S c h a d e n befreit, wenn sie beweist . . .“,
sondern:

„Sie ist von der Haftung für die Ü b e r s c h r e i t u n g d e r L i e f e r f r i s t befreit, wenn sie beweist . . .“

Dadurch wird künftig auch bei der grundlegenden Vorschrift zum Ausdruck gebracht, daß die Haftung der Eisenbahn für Lieferfristüberschreitung nicht von der Entstehung eines Schadens abhängig ist, und daß die Eisenbahn ihre Haftbefreiung nach Artikel 27, § 3, auch gegenüber einem Anspruch auf Entschädigung für Lieferfristüberschreitung bei nicht nachgewiesenem Schaden geltend machen kann.

b) D i e H a f t u n g b e i W e i t e r a u f g a b e (R e e x p e d i t i o n).

Zu den wichtigeren Änderungen des IÜG. gehört die Regelung der Haftung der Eisenbahn bei W e i t e r a u f g a b e e i n e r W a g e n l a d u n g o h n e U m l a d u n g (Reexpedition)[1].

Das Bedürfnis zu einer besonderen Behandlung dieser Frage ergab sich daraus, daß es den am Frachtvertrag Beteiligten bei Weiteraufgabe einer Wagenladung mit neuem Frachtbrief ohne Umladung in den meisten Fällen unmöglich war, von der Eisenbahn eine Entschädigung für Minderung oder Beschädigung des Guts zu erhalten. Wird z. B. ein Gut, das von der Station A. nach der Station B. befördert worden ist, in B. mit neuem Frachtbrief nach der Station C. weiter aufgegeben, ohne daß es in den Gewahrsam des Empfängers in B. gekommen ist, so hat dieser keine Möglichkeit gehabt, das Gut auf Mängel zu untersuchen. Kommt dieses nun nach der Weiterbeförderung mit einer Beschädigung oder Minderung in C. an, so pflegt die Eisenbahn einen Entschädigungsanspruch des zweiten Empfängers in C. abzulehnen, weil dieser nicht beweisen kann, daß das Gut bei der Weiteraufgabe in B. unversehrt gewesen ist,

---

[1] Vgl. hierzu S e l i g s o h n : Erlöschen der Ansprüche gegen die Eisenbahn bei Abschluß eines neuen Frachtvertrags über dasselbe Gut im Wiener Allgemeinen Tarifanzeiger 1930 S. 833, Nr. 26.

und hiernach nicht feststeht, daß der Schaden während des zweiten (oder bei nochmaliger Weiteraufgabe des letzten) Transports entstanden ist. Einen Entschädigungsanspruch des ersten Empfängers in B. lehnen aber die am ersten Frachtvertrag von A. nach B. beteiligten Eisenbahnen deshalb ab, weil die Weiteraufgabe in B. der unbeanstandeten Annahme des Guts gleichsteht. Der Empfänger in B. kann auch nachträglich nicht beweisen, daß der Schaden während des ersten Transports entstanden ist, weil er das Gut in B. nicht untersucht hat.

Um die geschilderten Nachteile für die Verfrachter künftig zu vermeiden, waren von mehreren Staaten Anträge gestellt worden, die die Frage auf zwei verschiedenen Wegen zu lösen versuchten,

Die Schweiz und die Regierungskommission des Saargebiets hatten vorgeschlagen, eine Haftung aller an den mehreren Frachtverträgen beteiligten Eisenbahnen von der Annahme auf der ersten Versandstation bis zur Ablieferung auf der letzten Bestimmungstation vorzusehen. Der Fall sollte also geregelt werden, wie wenn eine Neuaufgabe in B. überhaupt nicht stattgefunden hätte, das Gut also von A. bis C. (oder D. usw.) auf denselben Frachtbrief unmittelbar aufgegeben worden wäre. Nach den Anträgen dieser Staaten sollte sich die vorgeschlagene Regelung nicht nur auf mehrere aufeinanderfolgende internationale Frachtverträge beziehen. Sie sollte vielmehr auch für innerstaatliche Beförderungen gelten, sofern bei Verwendung des durchgehenden Frachtbriefs das IÜG. anwendbar gewesen wäre.

Nach eingehenden Erörterungen kam die Konferenz zu dem Ergebnis, diese Regelung nicht annehmen zu können, sondern die Frage in weit beschränkterem Rahmen auf Grund von übereinstimmenden Anträgen Deutschlands und Österreichs zu lösen. Die Vorschläge der Schweiz und des Saargebiets würden einmal deshalb abgelehnt, weil sie auch innerstaatliche Beförderungen in die Regelung einbezogen. Dies sollte aber nach Ansicht der Mehrheit der Konferenzteilnehmer vermieden werden. Aber auch bei Beschränkung auf mehrere aufeinanderfolgende internationale Frachtverträge standen den Anträgen anderseits folgende Bedenken entgegen: Die rechtliche Vereinigung von mehreren Frachtverträgen zu einem Vertrag ist dann nicht angängig, wenn die Verträge auf verschiedener rechtlicher Grundlage abgeschlossen worden sind. So würden sich z. B. bei der Berechnung der Höhe der Entschädigung dann große Schwierigkeiten ergeben, wenn der eine Frachtvertrag mit Angabe des Interesses an der Lieferung abgeschlossen worden ist, der andere dagegen ohne eine solche. Wie bereits erwähnt, wird nach diesem Vorschlag die Umabfertigung in B. als nicht geschehen angesehen, und damit der Empfänger und Absender in B. für die rechtliche Betrachtung des Falls überhaupt außer Betracht gelassen. Dies ist besonders dann sehr bedenklich, wenn dieser etwa eine Anweisung für die Behandlung oder den Beförderungsweg der Sendung gegeben hat, auf Grund deren die Eisenbahn die Haftung für das Gut ablehnen könnte. Hierzu kommt vom reinen praktischen Standpunkt noch folgendes: Die letzte Bestimmungstation wird eine Reklamation nur dann erledigen können, wenn ihr vom Reklamanten — dies wird in der Regel der letzte Empfänger sein — die Frachtbriefe sämtlicher Frachtverträge vorgelegt werden. Da aber gerade die Neuaufgabe vielfach den Zweck hat, die Herkunft der Waren zu verschleiern, wird es dem letzten Empfänger in der Regel gar nicht möglich sein, den Frachtbrief des vorhergehenden Transports von seinem Verkäufer zu verlangen.

Deutschland und Österreich waren demgegenüber bei ihren Anträgen davon ausgegangen, die verschiedenen Frachtverträge völlig getrennt zu halten. Sie hatten lediglich beantragt, in das Übereinkommen eine Bestimmung aufzunehmen, wonach vermutet wird, daß ein Gut, das ohne Umladung und ohne daß es aus dem Gewahrsam der Eisenbahn gekommen ist, weiter aufgegeben wird, in diesem Zeitpunkt unversehrt war, der Schaden also während des letzten Transports eingetreten sein muß. Diese Vermutung sollte auch in dem allerdings sehr seltenen Fall Platz greifen, daß ein internationaler Frachtvertrag einem innerstaatlichen nachfolgt, weil sich hier die Haftung aus dem zweiten Frachtvertrag, auf die es allein ankommt, ohnedies nach dem Recht des IÜG. regelt. Dieser Vorschlag griff also nicht in das innerstaatliche Recht ein. Dies wäre nur dann der Fall gewesen, wenn sich der Vorschlag auch auf den umgekehrten Fall bezogen hätte, daß ein innerstaatlicher Frachtvertrag einem internationalen nachfolgt. Die Konferenz hat sich im Grundsatz diesen Anträgen angeschlossen, die Regelung aber nur auf den Fall beschränkt, daß mehrere internationale Frachtverträge aufeinanderfolgen. Es wurde beschlossen, dem Artikel 27 folgenden neuen § 4 anzufügen:

> Wird eine nach den Bestimmungen dieses Übereinkommens beförderte Wagenladung ohne Umladung und ohne daß sie aus dem Gewahrsam der Eisenbahn gekommen ist, nach den Bestimmungen dieses Übereinkommens neu aufgegeben, so wird, wenn ein teilweiser Verlust oder eine Beschädigung festgestellt wird, vermutet, daß der teilweise Verlust oder die Beschädigung während des letzten Frachtvertrags eingetreten ist.

Die Regelung beschränkt sich auf die Beförderung von Wagenladungen, weil Stückgutsendungen in der Regel umgeladen werden, und der Empfänger bei der Neuaufgabe viel eher in der Lage ist, einen Schaden am Gut festzustellen, als bei Wagenladungen.

Der Fall des gänzlichen Verlusts kommt bei einer Wagenladung kaum vor und wird außerdem sofort auf der ersten Bestimmungstation entdeckt werden, so daß nur eine Regelung für Beschädigung und teilweisen Verlust in Frage kam.

Dem Wesen einer Vermutung entspricht es, daß sie widerlegbar ist. Dies soll den am letzten Frachtvertrag beteiligten Eisenbahnen auch hier möglich sein. Erbringen sie den Beweis — etwa durch Sachverständigengutachten, daß z. B. ein Frostschaden auf den Strecken dieser Bahnen nicht entstanden sein kann —, so soll es dem ersten Empfänger möglich sein, seinen Entschädigungsanspruch bei den hierfür zuständigen Eisenbahnen geltend zu machen. Da aber dessen Rechte durch die unbeanstandete Annahme des Guts nach Artikel 44 erloschen sind, ist Artikel 44, § 2, Ziffer 3, durch folgenden neuen Buchstaben c ergänzt worden:

§ 2. Jedoch erlöschen nicht:

3. Entschädigungsansprüche wegen teilweisen Verlusts oder wegen Beschädigung:

a) . . . . . .

b) . . . . . .

c) wenn eine nach den Bestimmungen dieses Übereinkommens beförderte Wagenladung nach Artikel 27, § 4, neu aufgegeben wird, und der teilweise Verlust oder die Beschädigung bei der Ablieferung an den letzten Empfänger festgestellt worden ist.

Auch gegenüber dem neuen Artikel 27, § 4, bleibt es den Eisenbahnen unbenommen, untereinander für ihren inneren Geschäftsbereich eine Regelung zu treffen, wonach die Entschädigungsbeträge unter sämtliche an den mehreren Frachtverträgen beteiligten Eisenbahnen nach Verhältnis der Tarifkilometerzahl der jeweiligen Beförderung verteilt werden, wie dies schon für den jetzigen Rechtszustand in § 37 des Einheitlichen Übereinkommens zwischen den Eisenbahnverwaltungen über den internationalen Güterverkehr (EGÜ.) vorgesehen ist.

Die von der Konferenz beschlossene Regelung der Haftung bei Weiteraufgabe einer Wagenladung ohne Umladung trägt allerdings den Wünschen der Wirtschaft nur in beschränktem Umfang Rechnung, da sie nur die nicht häufigen Fälle des Aufeinanderfolgens von mehreren internationalen Transporten umfaßt. Es bleibt den einzelnen Staaten überlassen, den häufigeren Fall, in dem ein innerstaatlicher Frachtvertrag einem internationalen nachfolgt, in ihrem innerstaatlichen Verkehrsrecht zu regeln. Der andere allerdings seltene Fall, in dem ein internationaler Frachtvertrag einem innerstaatlichen nachfolgt, müßte im IÜG. geregelt werden. Die Revisionskonferenz hat dies aber bewußt abgelehnt.

c) Die Haftbefreiungsgründe der Eisenbahn in Artikel 27, § 2.

α) In Artikel 27, § 2, sind zunächst im deutschen Text die Worte „durch die natürliche Beschaffenheit des Guts" durch die Worte „durch die besonderen Mängel des Guts" ersetzt worden. Damit sollen lediglich die unverändert gebliebenen französischen Worte „vice propre de la marchandise" genauer übersetzt werden. Die Aufzählung in der darauffolgenden Klammer ist unverändert geblieben, nur ist im deutschen Text entsprechend § 82 (1) der EVO. ohne sachliche Änderung das Wort „Leckage" in „Rinnverlust" verdeutscht worden. Das gleiche ist übrigens auch in Artikel 28, § 1 d, geschehen (§ 83 (1) d EVO.). Hier wird in Frage kommen, auch in den angezogenen Bestimmungen der EVO. und in den §§ 456 und 459 des Handelsgesetzbuchs künftig von „besonderen Mängeln" an Stelle von „natürlicher Beschaffenheit" oder von „Rinnverlust" an Stelle von „Leckage" zu sprechen.

β) Im Hinblick darauf, daß sich Fritsch in der bereits mehrfach erwähnten Abhandlung (a. a. O. S. 594 ff.) in längeren Ausführungen mit dem Begriff der höheren Gewalt befaßt, sei erwähnt, daß die Fassung der von Fritsch erwähnten Vorschriften (Artikel 5, § 1 c) und Artikel 27, §§ 2 und 3) an keiner Stelle geändert worden ist. Es spricht also namentlich Artikel 27, § 2, auch weiterhin von „höherer Gewalt". Es war von keiner Seite beantragt worden, diesen Begriff durch einen anderen zu ersetzen, wie dies bei der Revision im Jahr 1923 in Artikel 5, § 1 c, geschehen ist. Die Frage spielt gegenwärtig überhaupt keine so wichtige Rolle mehr wie in der Nachkriegszeit, wo die Eisenbahn bei Streiks ihrer Bediensteten häufiger genötigt war, sich auf höhere Gewalt zu berufen.

3. Die bevorrechtigten Haftbefreiungsgründe (Artikel 28).

Die Bestimmungen des Artikels 28 über die bevorrechtigten Haftbefreiungsgründe haben — abgesehen von der bereits erwähnten Änderung des deutschen Wortlauts in § 1 d — nur eine Änderung erfahren. Die Vermutungsvorschrift in § 2 hat folgenden neuen Absatz erhalten:

Diese Vermutung gilt im Fall des § 1a nicht bei außergewöhnlichem Abgang oder Verlust von ganzen Stücken.

Das IÜG. hat damit den in der deutschen und österreichischen EVO. schon von altersher enthaltenen Zusatz zum ersten Mal auch in das internationale Recht übernommen. Dies war bei früheren Revisionskonferenzen stets als überflüssig abgelehnt worden[1], weil es sich aus dem Sinn des Artikels 28, § 1a, von selbst ergebe, daß sich bei auffallendem Gewichtsabgang oder bei Verlust ganzer Stücke, also namentlich bei Diebstahl, die Eisenbahnen nicht auf ihre Haftbefreiung berufen könnten. Dies war aber nicht unbestritten, zumal gerade das Fehlen eines ausdrücklichen Zusatzes im IÜG. im Unterschied zum innerstaatlichen Beförderungsrecht in einzelnen Ländern dazu führte, daß einzelne Gerichte hier einen gewollten Gegensatz annahmen und per argumentum e contrario die Eisenbahn auch bei auffallendem Gewichtsabgang und bei Verlust ganzer Stücke von der Haftung befreiten.

Die auch von der Internationalen Handelskammer angeregte ausdrückliche Aufnahme des Zusatzes in das IÜG. beseitigt diese Zweifel nunmehr in einer für die Gerichte aller Staaten bindenden Weise. Daß die Bestimmung nicht, wie § 83 (1) a der deutschen und österreichischen EVO. in § 1a des Artikels 28, sondern in § 2 aufgenommen worden ist, bedeutet rechtlich keinen Unterschied[2].

Zwischen Artikel 28 IÜG. und dem entsprechenden § 83 der deutschen und österreichischen EVO. besteht nur noch der Unterschied, daß dieser außer der dem Artikel 28, § 2, entsprechenden Vermutung in Absatz (2) noch einen besonderen Absatz (3) folgenden Wortlauts enthalten:

(3) Eine Befreiung von der Haftung kann auf Grund dieser Vorschriften nicht geltend gemacht werden, wenn der Schaden durch Verschulden der Eisenbahn entstanden ist.

Ungarn hatte durch einen besonderen Antrag bezweckt, diesen Zusatz in einer allerdings weitergehenden Fassung auch in Artikel 28 einzuführen. Es hatte folgende Ergänzung des Artikels 28, § 2, beantragt:

„Wird jedoch bewiesen, daß der Eisenbahn ein Verschulden zur Last fällt, das nach den Umständen des Falls den Schaden verursachen konnte, so kann die Befreiung der Eisenbahn von

---

[1] Vgl. hierzu Gerstner: Der neueste Stand des Berner Internationalen Übereinkommen über den Eisenbahn-Frachtverkehr v. 14. 10. 1890, Berlin 1901.

[2] So auch für die EVO.: Rundnagel-Fritsch-Sperber: Haftung S. 111/112

der Haftung auf Grund der Vorschriften dieses Artikels nicht geltend gemacht werden."

Dieser Antrag ist in der zuständigen Kommission nach eingehender Beratung mit einer ganz knappen Mehrheit (9 gegen 8 Stimmen) aus den im folgenden kurz wiedergegebenen Gründen abgelehnt worden: Der Antrag bezwecke, den Verfrachter beim Vorliegen eines Verschuldens der Eisenbahn vom Beweis eines Kausalzusammenhangs zwischen Entstehungsursache und Schadensursache zu befreien. Dies gehe aber zu weit, weil dann die Gefahr bestehe, daß die Eisenbahn bei einer von ihr verschuldeten Betriebsunregelmäßigkeit selbst dann für einen Schaden hafte, wenn sie beweise, daß er nicht durch die Unregelmäßigkeit verursacht sei, sondern allein auf die in § 1 erwähnte besondere Empfindlichkeit des Guts zurückzuführen sei.

Es ist zuzugeben, daß der von Ungarn beantragte Zusatz die Verfrachter wesentlich günstiger stellen wollte, als die entsprechende Vorschrift in § 83 (3) der deutschen und österreichischen EVO. Denn diese will lediglich den Beweis ermöglichen, daß irgendein Verschulden[1] der Eisenbahn den Schaden verursacht hat, und zwar auch dann, wenn das Verschulden nur bei der Entstehung des Schadens mitgewirkt hat, dieser also außerdem auf die besondere Empfindlichkeit des Guts zurückzuführen ist.

4. Angabe des Interesses der Lieferung[2].

Nach dem Wortlaut des jetzigen Artikels 35 kann es zweifelhaft sein.

a) ob das Interesse an der Lieferung nur den Betrag darstellt, der über den allgemeinen von der Eisenbahn nach Artikel 29 und 33 zu ersetzenden Wert des Guts hinausgeht, oder

b) ob es sich hierbei um den gesamten Wert handelt, den der Absender der fristgemäßen Lieferung des unversehrten Guts beimißt (also einschließlich des allgemeinen Werts des Guts).

Nach eingehender Prüfung hat die römische Konferenz die Frage in dem unter a) erwähnten Sinn, also in dem für die Verfrachter günstigeren

---

[1] So auch Rundnagel-Fritsch-Sperber: Haftung S. 59 und Eger: EVO. von 1908 Erl. 464 zu § 86 EVO.

[2] Vgl. hierzu Roßmann: Zur Frage der Haftung der Eisenbahn bei Angabe des Lieferwertes nach dem Internationalen Übereinkommen in „Reichsbahn" 1930 S. 808 ff.

Sinn, entschieden und dies auch in der Neufassung des Artikels 35, § 4, berücksichtigt. Diese Vorschrift lautet künftig wie folgt:

§ 4. Bei gänzlichem oder teilweisem Verlust oder bei Beschädigung des Guts, für welches das Interesse an der Lieferung angegeben ist, können beansprucht werden:

a) die in den Artikeln 29 und 32 oder gegebenenfalls in Artikel 34 vorgesehenen Entschädigungen, außerdem

b) der Ersatz des nachgewiesenen weiteren Schadens bis zur Höhe des als Interesse angegebenen Betrags.

Hiernach kann also der Berechtigte im günstigsten Fall neben dem gesamten als Interesse an der Lieferung angegebenen Betrag den allgemeinen Wert des Guts erhalten. Nach der Auffassung der Konferenz würden die Verfrachter bei der unter b) erwähnten Lösung der Frage insofern ungebührlich benachteiligt, als sie danach die bei der Interesseangabe geschuldete Gebühr für einen Wert zahlen müßten, den sie auch ohne Angabe des Interesses an der Lieferung als allgemeinen Wert des Guts von der Eisenbahn erhielten. Dies würde auch dazu führen, daß die Versender noch weniger als bisher von der Möglichkeit, das Interesse an der Lieferung anzugeben, Gebrauch machen. Um die Inanspruchnahme dieser Einrichtung mehr als bisher zu fördern, hat die Konferenz ferner beschlossen, die Gebühr für die Angabe des Interesses an der Lieferung ganz wesentlich, und zwar von $^1/_4$ auf $^1/_{10}$ vom Tausend der angegebenen Summe für je angefangene 10 km herabzusetzen (vgl. Artikel 35, § 2).

5. Zusammentreffen von Verlust, Minderung oder Beschädigung mit Lieferfristüberschreitung.

In der Frage des Zusammentreffens eines Schadens aus Verlust, Minderung oder Beschädigung mit einem solchen aus Lieferfristüberschreitung hat das neue IÜG. im Grundsatz die jetzige Regelung des Artikels 33, § 3, beibehalten. Diese Vorschrift führte aber unter Umständen dazu, daß der Berechtigte beim Zusammentreffen von Entwertung der ganzen Sendung durch Beschädigung mit Lieferfristüberschreitung einen höheren Entschädigungsbetrag erhielt, als wenn gänzlicher Verlust mit Lieferfristüberschreitung zusammentraf, denn für gänzliche Entwertung der Sendung durch Beschädigung ist nach Artikel 32, Absatz 2a, die gleiche Entschädigung wie für gänzlichen Verlust und daneben nach Artikel 33, § 3, Absatz 3, noch Ersatz für Lieferfristüberschreitung zu zahlen, während nach Artikel 33, § 3, Absatz 1, neben Entschädigung für gänzlichen Verlust des Guts eine Entschädigung für

Lieferfristüberschreitung überhaupt nicht in Frage kommt. Dieses Ergebnis ist aber offensichtlich unbefriedigend. Um die gänzliche Entwertung in Zukunft dem gänzlichen Verlust der Sendung gleichzustellen, hat die Konferenz beschlossen, dem Artikel 33, § 3, folgenden neuen Absatz anzufügen:

> In keinem Fall darf die Gesamtentschädigung nach §§ 1 und 2 zuzüglich derjenigen nach Artikel 29 und 32 höher sein als die Entschädigung bei gänzlichem Verlust des Guts.

Der gleiche Gedanke, Teilverlust und Beschädigung nicht günstiger zu behandeln als gänzlichen Verlust, kommt auch in dem neuen § 5 des Artikels 35 zum Ausdruck. Diese Vorschrift regelt das Zusammentreffen von Lieferfristüberschreitung mit Beschädigung oder teilweisem Verlust des Guts für den Fall, daß der Absender das Interesse an der Lieferung angegeben hat. Hier soll der Berechtigte die ihm auch ohne Interessedeklaration zustehende Entschädigung für den Minderwert oder den verlorenen Teil des Guts und außerdem den weiteren Schaden, erstattet erhalten, diesen jedoch für Lieferfristüberschreitung sowie für Beschädigung oder Teilverlust insgesamt nur bis zur Höhe des Interesses an der Lieferung. Denn die Interessedeklaration bezieht sich sowohl auf den Sach- wie auf den Zeitschaden, kann also nur einmal gefordert werden. Der neue § 5 lautet wie folgt:

> § 5. Liegen Beschädigung oder teilweiser Verlust des Guts und Überschreitung der Lieferfrist gleichzeitig vor, so werden die nach § 3 und § 4 b) zu leistenden Beträge nur insoweit gezahlt, als sie zusammen den als Interesse an der Lieferung angegebenen Betrag nicht übersteigen.

Für das Zusammentreffen von gänzlichem Verlust mit Lieferfristüberschreitung ist eine solche besondere Vorschrift nicht erforderlich, weil hier nach Artikel 33, wie bereits oben erwähnt, nur eine Entschädigung wegen Verlusts, nicht daneben noch wegen Lieferfristüberschreitung verlangt werden kann.

6. Aktiv- und Passivlegitimation.

Die Vorschriften der Artikel 40 ff. über die Zuständigkeit bei Geltendmachung von Ansprüchen gegen die Eisenbahn sind — von einer Ausnahme abgesehen — sachlich unverändert geblieben. Die einzige Änderung betrifft die in Artikel 42, § 1, behandelte Zuständigkeit der Eisenbahnen gegenüber Ansprüchen auf Rückerstattung von Beträgen, die auf Grund des Frachtvertrags geleistet worden sind. Hier hatte das IÜG. von 1923 den früheren Rechtszustand, wonach der Berechtigte auch solche Ansprüche wahlweise gegen die Versand- oder Empfangsbahn geltend machen konnte, dahin eingeschränkt, daß diese Ansprüche nur bei der Eisenbahn geltend gemacht werden können, die den Betrag erhoben hat Die Konferenz hat sich den Wünschen der Wirtschaftskreise auf Wiederherstellung des Rechtszustands, wie er vor dem Inkrafttreten des jetzigen IÜG. bestanden hat, nicht völlig verschlossen und den § 1 des Artikels 42 durch die im Text hervorgehobenen Worte ergänzt:

§ 1. Ansprüche auf Rückerstattung eines Betrags, der auf Grund des Frachtvertrags gezahlt worden ist, können entweder gegen die Eisenbahn gerichtlich geltend gemacht werden, die den Betrag erhoben hat, oder gegen diejenige, zu deren Gunsten der zu hohe Betrag erhoben worden ist.

Gegenüber den Wünschen der Verfrachter nach einer noch größeren Freizügigkeit bei der Geltendmachung der erwähnten Ansprüche wurde vor allem auf die großen Schwierigkeiten hingewiesen, die einem reibungslosen Zahlungsausgleich zwischen den einzelnen Eisenbahnen durch die in vielen Staaten aus devisenpolitischen Gründen eingeführten Zahlungsbeschränkungen heute noch entgegenstehen.

7. Sonstiges.

a) Erwähnt seien hier zunächst die Vorschriften des Artikels 43 über die Pflicht der Eisenbahn, einen teilweisen Verlust oder eine Beschädigung des Guts durch eine Tatbestandsaufnahme festzustellen. Hier spielt vor allem die Frage eine Rolle, ob die Eisenbahn neben der Aushändigung der Tatbestandsaufnahme verpflichtet ist, den beteiligten Verfrachtern Einsicht in ihre Untersuchungsakten zu gewähren. Die Internationale Handelskammer hatte diesen schon oft vorgebrachten Wunsch auch diesmal angemeldet. Nach der Auffassung der Revisionskonferenz geht es bereits aus der jetzigen Fassung des Artikels 43 per argumentum e contrario einwandfrei hervor, daß der Verfrachter keinen Anspruch auf Einsicht in die Untersuchungsakten der Eisenbahn, sondern lediglich auf Aushändigung einer Tatbestandsaufnahme hat. Artikel 43 ist deshalb in der Hauptsache unverändert geblieben. Von sprachlichen Änderungen abgesehen, stellt der neue Wortlaut des Artikels lediglich klar, daß die Eisenbahn das Gewicht des Guts nur dann festzustellen braucht, wenn ein Gewichtsverlust zu vermuten ist, und daß die Tatbestandsaufnahme unentgeltlich auszuhändigen ist.

b) Von sonstigen Änderungen der Haftungsbestimmungen des neuen IÜG. sei erwähnt, daß nach Artikel 30, § 1, ein Gut in allen Fällen bereits 30 Tage nach Ablauf der Lieferfrist als verloren gilt. Der jetzige Absatz 2 des § 1, der für gewisse Fälle eine Verlängerung dieser Frist vorsah, ist gestrichen worden.

c) In den neu in den Artikel 65 IÜG. aufgenommenen Übergangsbestimmungen, die jetzt im Schlußprotokoll des IÜG. enthalten sind, ist die Bestimmung des jetzigen Abschnitts II, Ziffer 4, gestrichen worden, wonach die Staaten die in den Übereinkommen festgesetzten Haftungshöchstbeträge herabsetzen dürfen.

Zweiter Teil.

D. Die Anlagen zum Internationalen Übereinkommen über den Eisenbahnfrachtverkehr (IÜG.).

Die Anlagen I bis VI zum IÜG.

1. Von den Anlagen zum IÜG. ist zunächst die Anlage I hervorzuheben, die die Vorschriften über die nur bedingungsweise zur Beförderung zugelassenen Gegenstände enthält. Es handelt sich hier in erster Linie um die in den Artikeln 3 und 4 IÜG. erwähnten explosionsgefährlichen, selbstentzündlichen, entzündbaren, giftigen, ätzenden und ekelerregenden oder übelriechenden Stoffe. Bei der ständig fortschreitenden Weiterentwicklung der chemischen Industrie müssen diese Vorschriften häufig geändert werden. Die Anlage I unterliegt deshalb schon bisher einem besonderen Revisionsverfahren durch einen fachmännischen Ausschuß, den das Zentralamt für den Internationalen Eisenbahnverkehr je nach Bedürfnis zu einer Sitzung zusammenberuft (vgl. des näheren Artikel 60 § 2 des jetzigen IÜG. und Anlage VII zum IÜG.). Aus diesem Grund haben sich die römischen Beratungen auf die Bestimmungen der Anlage I nicht erstreckt. Die Konferenz hat jedoch die Bestimmungen der Artikel 3 und 4 IÜG. über die von der Beförderung ausgeschlossenen und die nur bedingungsweise zur Beförderung zugelassenen Gegenstände nachgeprüft und hierbei in Artikel 3 unter Ziffer 4 Buchstabe C die Worte „ekelerregende oder übelriechende Stoffe“ durch die Worte „ekelerregende oder ansteckungsgefährliche Stoffe“

ersetzt und damit auch dem fachmännischen Ausschuß eine entsprechende Abänderung der Überschrift der diese Gegenstände behandelnden Klasse VI der Anlage I nahegelegt.

Die Anlage I wird noch im Juli 1934 in einer in Hamburg stattfindenden Sitzung des fachmännischen Ausschusses durchgesehen werden. Es ist also zu erwarten, daß die Staaten bei der Ratifikation der neuen Übereinkommen eine Anlage I vorfinden, die der Fassung dieser Anlage bei der Unterzeichnung der Übereinkommen am 23. November 1933 nicht mehr entspricht. Um künftig die Schwierigkeiten zu vermeiden, die sich aus diesen verschiedenen Revisionsverfahren ergeben, hat die römische Konferenz in ihrem Schlußprotokoll den Wunsch ausgesprochen, daß die nächste Revisionskonferenz Mittel und Wege prüfen möge, um die in der Anlage I enthaltenen Vorschriften „vom IÜG. unabhängig zu machen".

2. Die Anlage II enthält das neue Frachtbriefmuster, auf das bereits im ersten Teil dieser Abhandlung hingewiesen worden ist.

Das neue Muster setzt die Größe des Frachtbriefs einheitlich auf 420×297 mm fest. Es bietet gegenüber dem bisherigen Frachtbrief neben einer kaum merklichen Veränderung in der Höhe eine um 40 mm größere Breite. Die Vorderseite ist für die Eintragungen des Absenders bestimmt, die Rückseite enthält die Spalte für die Kostenrechnung und einen ziemlich großen Raum für die unverbindlichen Absendervermerke. Durch die Vergrößerung des Musters und durch die neue Anordnung der Spalten hat der Absender für seine Angaben und Erklärungen wesentlich mehr, teilweise den doppelten Raum gegenüber dem bisherigen Muster.

3. Die Anlage III (Muster der allgemeinen Erklärung über fehlende oder mangelhafte Verpackung) ist im wesentlichen unverändert geblieben.

4. Die jetzige Anlage IV (Muster der Frankaturrechnung) ist weggefallen, da sie nur für den inneren Dienstbetrieb der Eisenbahn, nicht aber für die Verfrachter von Bedeutung ist.

5. Die folgenden Anlagen IV (bisher V, Muster der nachträglichen Verfügung), V (bisher VI, Satzung des Zentralamts für den internationalen Eisenbahnverkehr) und VI (bisher VII, Satzung des fachmännischen Ausschusses für die Bearbeitung der Anlage I) sind ebenfalls sachlich unverändert geblieben und haben nur in der Fassung einige Änderungen erfahren.

6. Die neuen Anlagen VII und VIII zum IÜG.

Wie bereits hervorgehoben, erschöpfte sich die Arbeit der römischen Konferenz nicht in der eigentlichen Nachprüfung der geltenden Bestimmungen der Übereinkommen. Es hatten vielmehr eine Reihe von Staaten Vorschläge für neue Anlagen zu den Übereinkommen für Verkehrsarten gemacht, die bisher von der internationalen Gesetzgebung nicht erfaßt worden waren. Auf Grund dieser Anträge ist der internationale Privatwagenverkehr in der neuen Anlage VII und der internationale Expreßgutverkehr in der neuen Anlage VIII zum IÜG. zum erstenmal international geregelt worden.

Wie bereits im ersten Teil dieses Aufsatzes erwähnt, hatte eine Reihe von Staaten beantragt, in einer besonderen Anlage Vorschriften für den Verkehr mit begebbaren Frachtbriefen aufzunehmen. In Rom hat man jedoch davon abgesehen, eine solche Anlage zu schaffen, sondern die Ausarbeitung der fraglichen Bestimmungen den Sonderverhandlungen zwischen den an der Einführung begebbarer Frachtbriefe hauptsächlich interessierten Staaten überlassen.

Im folgenden soll der wesentliche Inhalt der beiden neuen Anlagen besprochen werden.

7. Die Internationale Ordnung für die Beförderung von Privatwagen (Anlage VII zum IÜG.).

I. Allgemeines.

Mit der Behandlung der Anträge für eine gesetzliche Regelung des internationalen Privatwagenverkehrs[1] sah sich die Konferenz vor eine besonders schwierige Aufgabe gestellt, weil dieser Verkehr noch nirgends innerstaatlich erschöpfend geregelt ist, und weil hier die tatsächlichen Verhältnisse in den einzelnen Staaten erheblich voneinander abweichen. Es herrscht ferner ein lebhafter wissenschaftlicher Streit darüber, ob der Privatwagen als ein Gut anzusehen oder ob er lediglich Beförderungsmittel ist. Man wird davon ausgehen müssen, daß der beladene Privatwagen überwiegend als Beförderungsmittel, der leere Privatwagen dagegen mehr als Gut anzusprechen ist. Ein Gut im eigentlichen Sinn ist aber der Privatwagen auch in leerem Zustand nicht, weil eine Reihe von Bestimmungen des Frachtrechts für Güter auf ihn als Wagen nicht anwendbar sind, und weil seine Beförderung wirtschaftlich gesehen niemals Selbstzweck ist. Der Privatwagen tritt ja auch — anders, als dies bei einem Gut der Fall ist — zur Eisenbahn dadurch in ein besonderes Ver-

[1] Vgl. hierzu von Nánássy: „Betrachtungen über die Regelung der Rechtsverhältnisse der Eisenbahn-Privatgüterwagen“ in der Berner Zeitschrift für die internationale Eisenbahnbeförderung 1933, Heft 6 (Juni) und Petroro: „Zur Frage der internationalen Regelung der Beförderung von Privatwagen“ in der gleichen Zeitschrift 1933, Heft 9 (September).

hältnis, daß sie ihn als fremden Wagen in ihren Wagenpark einstellt und mit dem Einsteller hierüber einen besonderen Vertrag schließt. Diese Einstellungsverträge enthalten zur Zeit die wichtigsten Bestimmungen über das Rechtsverhältnis zwischen Eisenbahn und Einsteller, insbesondere auch über die Haftpflicht der Eisenbahnen für Verlust oder Beschädigung von Privatwagen.

Die jetzige Fassung des IÜG. berührt das Beförderungsrecht des Privatwagens überhaupt nicht. Artikel 4 § 1 Ziffer 3 IÜG. spricht zwar von der Beförderung von Eisenbahnfahrzeugen, die auf eigenen Rädern rollen, meint damit aber nur die Wagen, die, ohne in den Wagenpark einer Eisenbahn eingestellt zu sein, auf Grund eines Frachtvertrags befördert werden, und bei denen diese Beförderung Selbstzweck ist. Das wird z. B. dann der Fall sein, wenn eine Wagenfabrik ihre Erzeugnisse an die bestellende Eisenbahn über die Strecken einer anderen Bahn versendet[1].

In den Einstellungsverträgen kann aber die Beförderung des Privatwagens schon deshalb nicht im einzelnen geregelt werden, weil diese Verträge nur zwischen der einstellenden Eisenbahn und dem Einsteller abgeschlossen werden. Sie begründen also einerseits namentlich keine Pflichten für die anderen Eisenbahnen, vor allem sind sie aber gegenüber dritten Versendern des Privatwagens rechtsunwirksam, weil sie nur mit dem Einsteller des Wagens abgeschlossen sind. Dies kommt vor allem dann in Frage, wenn der Einstellungsvertrag dem Einsteller aus Gründen der Betriebsicherheit besondere Verpflichtungen auferlegt, die gegenüber Dritten nicht wirksam sind. Wollte man also die Regelung des internationalen Privatwagenverkehrs allein den Einstellungsverträgen überlassen, so würde gerade für den sehr häufigen Fall eine Lücke bestehen, in dem der Einsteller den Privatwagen an einen Dritten vermietet oder sonst überläßt, und dieser den Wagen zur Beförderung aufgibt. In einem solchen Fall wird des weiteren namentlich auch die Abgrenzung des Verfügungsrechts des Absenders von dem des Einstellers besondere Schwierigkeiten bereiten.

Da der internationale Privatwagenverkehr weder im IÜG. noch sonst gesetzlich geregelt ist, war es erforderlich geworden, diesen Verkehr eingehend in den Eisenbahntarifen zu regeln. Der Inter-

---

[1] Dies ist nicht unbestritten. Seligsohn (IÜG. Anm. 9 zu Art. 4) will Art. 4 § 1 Ziff. 3 auch auf Privatwagen anwenden und bezeichnet daher eine vom IÜG. abweichende Regelung der Haftung der Eisenbahn für Privatwagen durch die Einstellungsverträge als nichtig. Loening (IÜG. Bem. 2 zu Art. 1 § 1 und Bem. 6 zu Art. 4 § 1) teilt dagegen die hier vertretene Auffassung.

nationale Eisenbahnverband hat schon vor längerer Zeit zur Vereinheitlichung der tarifarischen Bestimmungen ein Internationales Reglement für Privatwagen (IRP.) ausgearbeitet und den Eisenbahnen zur Aufnahme in ihre Tarife empfohlen. Dieses Reglement ist im Anhang I zum Internationalen Eisenbahn-Gütertarif abgedruckt. Es ist aber kein Bestandteil des IÜG. und wird nur in den Verkehren wirksam, wo sein Inhalt in den Tarifen verlautbart und damit vertraglich vereinbart ist. Die sachliche Bedeutung dieses Reglements geht aber weit über den Rahmen von Tarifbestimmungen hinaus. Es enthält für den Privatwagen eine Reihe von Bestimmungen, die von der entsprechenden Regelung für Güter im IÜG., namentlich auch in der Frage der Haftung der Eisenbahn abweichen und deshalb von verschiedenen Seiten als mit Artikel 9 § 2 Absatz 2 Satz 2 IÜG. in Widerspruch stehend für nichtig angesehen werden. Aber auch sonst ergaben sich Schwierigkeiten bei der Abgrenzung des Verhältnisses dieser tarifarischen Sonderbestimmungen von den Vorschriften des IÜG.

Aus diesen Gründen erschien es dringend geboten, den internationalen Privatwagenverkehr gesetzlich zu regeln. Eine Reihe von Staaten hatte hierfür eine besondere Anlage zum IÜG. vorgeschlagen, und zwar beruhten die Anträge teils auf den Vorarbeiten des Vereins Mitteleuropäischer Eisenbahnverwaltungen, teils auf denen des Internationalen Eisenbahnverbands. Die Vorschläge der beiden Verbände wichen im einzelnen teilweise stark voneinander ab. Einige Staaten hatten deshalb in ihren Anträgen einen Ausgleich zwischen den verschiedenen Vorschlägen gesucht.

Es konnte zweifelhaft sein, ob die Beförderung von Privatwagen überhaupt im IÜG. oder in einer Anlage hierzu zu regeln[1] war, da man die Meinung vertreten kann, daß es sich hier überhaupt nicht um ein Frachtgeschäft handelt. Die Revisionskonferenz hat diese Bedenken nicht geteilt, sondern war in ihrer überwiegenden Mehrheit der Meinung, daß eine gesetzliche Regelung des Privatwagenverkehrs in einer besonderen Anlage zum IÜG. zweckentsprechend und auch rechtlich bedenkenfrei ist.

Durch die Schaffung einer mit Gesetzeskraft ausgestatteten, in der Anlage VII zum IÜG. enthaltenen Internationalen Ordnung für den Privatwagenverkehr (IOP.) sind vor allem alle Streitfragen über die Rechtsgültigkeit der von dem IÜG. abweichenden Bestimmungen der tarifarischen Regelung durch das IRP. aus der Welt geschafft, und damit auch für die Privatwageneinsteller und -benutzer

---

[1] Dies verneint v. Nánássy in der Berner Zeitschrift für die Internationale Eisenbahnbeförderung 1933 Heft 6.

eine größere Rechtsicherheit geschaffen. Die neben der IOP. vereinbarten tarifarischen Bestimmungen über den Privatwagenverkehr haben nunmehr — soweit sie sich im Rahmen der neuen Bestimmungen halten — eine einwandfreie gesetzliche Grundlage.

Da der internationale Privatwagenverkehr in den wichtigeren Punkten durch die Anlage VII erschöpfend gesetzlich geregelt ist, verliert ferner auch in der Hauptsache die wissenschaftliche Streitfrage, ob der Privatwagen als Gut oder lediglich als Beförderungsmittel anzusehen ist, ihre Bedeutung. Dem Wesen einer gesetzlichen Regelung entsprechend, nimmt die IOP. zu dieser Frage nicht ausdrücklich Stellung, sondern beschränkt sich auf die positiven Bestimmungen, was Rechtens sein soll. Der Gesetzgeber hat jedenfalls daraus, daß leere Privatwagen nach Artikel 3 § 1 IOP. auf Frachtbrief befördert werden, nicht den Schluß gezogen, sie damit den Gütern gleichzustellen. Denn auf der anderen Seite wird gerade ein Teil der wichtigsten Vorschriften des IÜG., namentlich auch die Haftung der Eisenbahn für Verlust usw. von Gütern, durch Artikel 5 IOP. auch für den Verkehr mit leeren Privatwagen ausgeschlossen[1].

Um Mißverständnisse zu vermeiden, sei besonders hervorgehoben, daß sich die IOP. nur auf die Beförderung des Privatwagens selbst bezieht. Für das in dem Privatwagen verladene Gut gelten die allgemeinen Bestimmungen des IÜG.[2]. Nur in einem Fall, und zwar bei der Regelung der Entladung eines laufunfähigen Wagens, von der unten näher die Rede ist, war die IOP. genötigt, auch einige Vorschriften über das Gut selbst zu treffen.

Die in Rom beschlossene Privatwagenregelung lehnt sich im wesentlichen an die Vorschläge des Internationalen Eisenbahnverbands an, doch ist in ihr auch eine Reihe von Gedanken aus dem vom Verein Mitteleuropäischer Eisenbahnverwaltungen ausgearbeiteten Vorschlag berücksichtigt. Die Internationale Handelskammer hatte die Wünsche der Privatwageninteressenten in einem Entwurf zu einer von den Vorschlägen des Internationalen Eisenbahnverbands wesentlich abweichenden Regelung für die Privatwagenbeförderung zusammengestellt, der erst in Rom den Vertretern der einzelnen Staaten überreicht wurde. Wenn in der

---

[1] Ob diese Regelung allerdings glücklich ist, sei dahingestellt. Vgl. hierzu v. Nánássy, Wiener Allgemeiner Tarifanzeiger 1934, Seite 100, über „Die Regelung der Rechtsverhältnisse der Eisenbahnprivatgüterwagen durch das neue ‚Römer' Internationale Übereinkommen über den Eisenbahn-Frachtverkehr".

[2] So auch Gerhard Eger im Zentr.Bl. f. Handelsrecht 1931, S. 147, Heft 7, über die „Haftung der Bahn für Güter in Privatwagen".

neuen IOP. die Anregungen der beteiligten Verfrachterkreise in beschränkterem Umfang als auf den anderen Rechtsgebieten berücksichtigt worden sind, so ist dies neben der verspäteten Übermittlung ihrer Wünsche vor allem darauf zurückzuführen, daß eine Reihe der wichtigsten Forderungen der Privatwagenbesitzer, insbesondere nach Zahlung von Miete für die Privatwagen durch die Eisenbahn, nach gebührenfreier Beförderung der durch Ladungen gedeckten Leerläufe und nach billiger Verteilung der Kosten für die Instandhaltung der Wagen, auf einem Gebiet liegen, das seinem Wesen nach nicht im Gesetz zu regeln, sondern zweckmäßigerweise — auch mit Rücksicht auf die in den einzelnen Ländern ganz verschiedenen tatsächlichen Verhältnisse — der Regelung durch die Eisenbahntarife und die Einstellungsverträge zu überlassen war.

II. Verhältnis der IOP. zu den Bestimmungen des IÜG. und zu den Einstellungsverträgen.

1. Verhältnis der IOP. zum IÜG.

Bei der Prüfung des rechtlichen Verhältnisses der IOP. zum IÜG. selbst erscheint die Frage besonders wichtig, ob die IOP. eine erschöpfende Regelung des internationalen Privatwagenverkehrs darstellt, oder ob hierfür neben der IOP. noch Bestimmungen des IÜG. selbst zur Anwendung kommen.

Das IÜG. selbst erwähnt die IOP. nur einmal in dem neuen § 1 des Artikels 61, der lediglich zum Ausdruck bringt, daß für die Beförderung von Privatwagen die Bestimmungen der Anlage VII gelten. Die grundlegende Vorschrift über das Verhältnis zum IÜG. findet sich dagegen in der IOP. selbst, und zwar in Artikel 6, der wie folgt lautet:

> Allgemeine Bestimmung.
>
> Auf die Beförderung von leeren und beladenen Privatwagen finden die Bestimmungen des Internationalen Übereinkommens über den Eisenbahn-Frachtverkehr Anwendung, sofern vorstehend nichts anderes bestimmt ist.

Bei der folgenden Besprechung des Inhalts der IOP. soll im einzelnen untersucht werden, in welchen Fällen neben den Vorschriften der IOP. die Bestimmungen des IÜG. für die Beförderung des Privatwagens als solchen zur Anwendung kommen können. Dabei wird sich zeigen, daß für die Anwendung des IÜG. nur sehr wenig Raum ist, da sich der Privatwagenverkehr unter wesentlich anderen Gesichtspunkten vollzieht, als die Beförderung von Fracht- und Eilgütern. Die IOP. enthält vielmehr, namentlich hinsichtlich der Beförderung des Privatwagens in beladenem Zustand, eine im wesentlichen in sich abgeschlossene erschöpfende Regelung. Auf die Beförderung des leeren Privatwagens finden dagegen in größerem Umfang die Bestimmungen des Güterverkehrs Anwendung, weil hier der Privatwagen in erster Linie Beförderungsgegenstand ist. Dies kommt auch darin zum Ausdruck, daß nach Artikel 3 § 1 IOP. der leere Privatwagen, wie bereits erwähnt, mit internationalem Frachtbrief zur Beförderung aufzugeben ist, während der beladene Privatwagen lediglich auf den Frachtbrief über das in ihm verladene Gut abgefertigt wird. Aber auch die Beförderung des leeren Privatwagens ist in wichtigen Fragen abweichend von den Vorschriften des IÜG. für die Güterbeförderung geregelt.

2. Verhältnis der IOP. zu den Einstellungsverträgen.

Wesentlich einfacher als die unten näher zu behandelnde Abgrenzung der IOP. vom IÜG. ist das Verhältnis der IOP. zu den Bestimmungen der Einstellungsverträge. Im Hinblick darauf, daß die IOP. als Anlage zum IÜG. eine gesetzliche Regelung des internationalen Privatwagenverkehrs darstellt, sind die Bestimmungen der Einstellungsverträge ebenso wie die tarifarischen Bestimmungen über den Privatwagenverkehr insoweit unwirksam, als sie zu den Bestimmungen der IOP. und denjenigen des IÜG., soweit sie für den Privatwagenverkehr gelten, in Widerspruch stehen.

III. Die wichtigeren Bestimmungen der IOP.

1. Begriff des Privatwagens.

Welche Wagen im internationalen Verkehr als Privatwagen zugelassen werden, ist in Artikel 1 IOP. eingehend geregelt. Die IOP. geht davon aus, daß hierfür nur Wagen von besonderer Bauart oder mit besonderen Einrichtungen in Frage kommen. Doch können nach Artikel 1 § 2 letzter Satz IOP. die Eisenbahnen vereinbaren, daß in bestimmten Verbindungen auch andere als die in Artikel 1 aufgezählten besonderen Wagenarten, und damit insoweit Güterwagen gewöhnlicher Bauart als Privatwagen zugelassen und den Bestimmungen der IOP. unterworfen werden.

Ob ein Privatwagen im Einzelfall zur Beförderung im internationalen Verkehr zugelassen wird, hat nach Artikel 1 § 3 allein die einstellende Eisenbahn zu entscheiden. Diese Bahn kann im Einstellungsvertrag und in tarifarischen Bestimmungen dem Einsteller hierbei besondere Bedingungen auferlegen, insbesondere auch vorschreiben, daß gewisse Güter von der Beförderung in Privatwagen ausgeschlossen sind. Insoweit bestehen also gewisse Beschränkungen der Beförderungspflicht der Eisenbahn bei der Verwendung von Privatwagen. Kommt aber der Absender diesen Vorschriften nach, so kann die Eisenbahn die Beförderung von Gütern nicht deshalb ablehnen, weil sie in einem Privatwagen befördert werden sollen.

2. Verfügungsrecht über den Privatwagen.

Mit Rücksicht darauf, daß sehr häufig Privatwagen nicht vom Einsteller, sondern von einem Dritten aufgegeben werden, mußte die IOP. das Verfügungsrecht über den Privatwagen besonders regeln und hier namentlich die Rechte des Einstellers und des Absenders voneinander abgrenzen.

Die IOP. geht davon aus, daß das Verfügungsrecht über einen Privatwagen grundsätzlich dem Einsteller zusteht. Will ein Dritter einen leeren oder beladenen Privatwagen aufgeben, so muß er — von besonders geregelten Ausnahmefällen abgesehen — der Eisenbahn zugleich mit dem Frachtbrief eine schriftliche Erklärung des Wageneinstellers übergeben, in der dieser sich mit der beabsichtigten Beförderung des Wagens einverstanden erklärt. Um für den Fall der Aufgabe eines Privatwagens durch einen Dritten einander widersprechende Verfügungen des Wageneinstellers und des Absenders zu vermeiden, bestimmt Artikel 2 § 3 IOP., daß im allgemeinen in einem solchen Fall das Verfügungsrecht des Einstellers für die Dauer der Beförderung ruht.

Hierbei ist zu beachten, daß man von einem selbständigen frachtrechtlichen Verfügungsrecht über den Wagen nur beim leeren Privatwagen sprechen kann, denn die Beförderung eines beladenen Privatwagens richtet sich ausschließlich nach den Verfügungen über das in ihm beförderte Gut. Dies gilt namentlich auch von dem in Artikel 21 IÜG. geregelten Recht zur Erteilung nachträglicher Verfügungen. Bei der Beförderung leerer Privatwagen kann der Absender dagegen ebenso wie bei einem gewöhnlichen Fracht- oder Eilgut nach Artikel 21 IÜG. nachträgliche Verfügungen über den Wagen erteilen, soweit sich nicht begrifflich Abweichungen aus der besonderen Art dieses Beförderungsgegenstands, z. B. bei der Ablieferung, ergeben. Dieses Recht des Absenders eines leeren Privatwagens ist aber für den Fall, daß er nicht der Einsteller ist, durch Art. 2 § 2 letzter Absatz stark beschränkt worden, denn hiernach kann der Absender ohne Einverständnis des Einstellers den Frachtvertrag nicht abändern.

Zu beachten ist hierbei auch, daß leere Privatwagen weder mit Nachnahmen noch mit Barvorschüssen belastet werden dürfen. Insoweit sind also auch keine nachträglichen Verfügungen zugelassen, die Vorschriften des Artikels 21 § 1 IÜG. sind also insoweit auf leere Privatwagen nicht anwendbar.

Die vorstehenden Ausführungen über das Recht zur Erteilung nachträglicher Verfügungen gelten grundsätzlich auch für das Recht zur Erteilung von Anweisungen bei Beförderungshindernissen. Der Umstand, daß in den meisten Fällen die Laufunfähigkeit des beladenen oder leeren Privatwagens selbst die Ursache des Beförderungshindernisses bilden wird, machte es erforderlich, diesen Tatbestand in der IOP. besonders zu regeln (vgl. Artikel 3 § 5 IOP.). Für den Fall, daß es sich hierbei um beladene Privatwagen handelt, ergab sich ferner das Bedürfnis, in die IOP. auch besondere Vorschriften über das im Privatwagen verladene Gut aufzunehmen, die in gewisser Beziehung über die Bestimmungen des IÜG. hinausgehen. So ist die Eisenbahn insbesondere berechtigt, leicht verderbliche Güter ohne weiteres bestmöglich zu verkaufen und den Absender hiervon telegraphisch auf seine Kosten zu benachrichtigen. Diese Vorschriften sind in Artikel 5 Absatz 5 b IOP. enthalten und beruhen auf einem deutschen Antrag, der auf die Vorarbeiten des Vereins Mitteleuropäischer Eisenbahnverwaltungen zurückgeht.

Die Vorschriften des IÜG. über Ablieferungshindernisse sind der Sachlage entsprechend weder auf den leeren noch auf den beladenen Privatwagen anwendbar, weil man hier nicht von einer Ablieferung im eigentlichen Sinn sprechen kann. Auch hier war also eine Sonderregelung in der IOP. erforderlich. Nach Artikel 2 § 5 IOP. ist die Eisenbahn hier namentlich mangels Verfügung des Einstellers oder Empfängers über den Wagen unter gewissen Voraussetzungen berechtigt, den Privatwagen — erforderlichenfalls nach Entladung — ohne weiteres auf Kosten des Einstellers mit einem auf seinen Namen lautenden Frachtbrief an die Heimatstation zurückzusenden.

3. Haftung der Eisenbahn für den Privatwagen.

a) Haftung für Verlust oder Beschädigung.

Nach der bisherigen Rechtslage regelt sich die Haftung für Verlust, Beschädigung oder Lieferfristüberschreitung bei Privatwagen mangels einer Regelung im IÜG. oder anderer gesetzlicher Vorschriften ausschließlich nach den Bestimmungen der Eisenbahntarife oder nach den Einstellungsbedingungen. Diese sahen im allgemeinen eine Haftung der Eisenbahn nur im Fall ihres Verschuldens vor.

In Rom war die überwiegende Mehrheit der Delegierten der Auffassung, daß es nicht in Frage kommen könne, der Eisenbahn für den Privatwagen die gleiche Haftung aufzuerlegen, wie sie das IÜG. für Güter vorsieht. Insbesondere seien die Vorschriften über die Haftbefreiung der Eisenbahn (bes. Art. 27, 28 und 31) nur auf die Beförderung von eigentlichen Gütern — im Unterschied zu den Beförderungsmitteln —

anwendbar. Der Privatwagen werde nicht wie ein anderes Gut verladen und verpackt, auf ihn sei daher z. B. auch ein Teil der Haftbefreiungsvorschriften in Art. 28 IÜG. schon begrifflich nicht anwendbar. Der leere Privatwagen stehe in dieser Beziehung dem beladenen völlig gleich. Hierzu komme, daß der Privatwagen durch einen besonderen Vertrag in den Wagenpark einer Eisenbahn eingestellt wird, und daß dementsprechend — zum mindesten für den Verlust oder die vollständige Zerstörung des Privatwagens — nur eine Haftung der einstellenden Bahn gegenüber dem Einsteller in Frage komme. Die Verträge seien aber bei den einzelnen Eisenbahnen ganz verschieden. Die Haftungsregelung beziehe sich ja auch nicht nur auf die Zeit während der Beförderung des Privatwagens, sondern auf den ganzen Zeitraum, während dessen der Privatwagen bei der betreffenden Eisenbahn eingestellt ist. Aus diesen Gründen hat der Gesetzgeber überhaupt davon abgesehen, die Haftung für Verlust oder Zerstörung von Privatwagen in der IOP. einheitlich zu regeln. Sie bestimmt in Artikel 5 §§ 3 und 4 lediglich folgendes:

Artikel 5.

Haftung.

§ 3. Bei Verlust oder Beschädigung eines Privatwagens oder bei Verlust seiner Bestandteile haftet die Eisenbahn gegenüber dem Einsteller des Wagens.

§ 4. Bei Verlust oder Zerstörung eines Privatwagens haftet die Eisenbahn nur nach dem Einstellungsvertrag und nach den Vorschriften der Verordnungen oder Tarife.

Eine einheitliche Regelung dieser Frage kann nach Auffassung der Konferenz nur durch Vereinheitlichung der Einstellungsverträge der einzelnen Eisenbahnen erzielt werden.

Im Gegensatz hierzu enthält die IOP. in Artikel 5 §§ 5 bis 8 eine besondere Regelung der Haftung der Eisenbahn für die Beschädigung des Privatwagens und des Verlustes seiner Bestandteile. Auch hier kommt, wie aus dem oben abgedruckten § 3, ebenso wie bei Verlust eines Privatwagens nur eine Haftung gegenüber dem Einsteller in Frage, doch hat hier die IOP. die Haftungsgrundsätze einheitlich festgesetzt. Maßgebend ist hierfür Artikel 5 § 5 zweiter Satz, der wie folgt lautet:

Wenn der Einsteller des Wagens nachweist, daß der Schaden durch ein Verschulden der Eisenbahn verursacht ist, so hat die Einstellungsbahn dem Einsteller auf sein Verlangen die ihm erwachsenen Wiederherstellungskosten des Wagens unter Ausschluß aller weiteren Ansprüche vorbehaltich der nachstehenden Bestimmungen zu erstatten.

Die IOP. enthält ferner in den §§ 6 bis 8 noch einige Sondervorschriften für den Verlust und die Beschädigung von losen Wagenbestandteilen (§ 6), Gefäßen (§ 7) und für Beschädigungen des Wagens, die durch Brand oder Explosion verursacht werden (§ 8), die hier nicht im einzelnen behandelt werden sollen.

Die Regelung und Haftung für die Beschädigung des Privatwagens sieht also lediglich eine Haftung der Eisenbahn für Verschulden vor und weicht damit grundsätzlich von den Vorschriften des IÜG. über die Haftung für Güter ab, die darauf beruhen, daß die Eisenbahn ohne Verschulden haftet. Hieraus folgt, daß diese Vorschriften auf den Privatwagen nicht anwendbar sind, und daß damit ihre ergänzende Anwendung in Fragen, die von der IOP. nicht geregelt sind, für die Haftung für Beschädigung von Privatwagen — im Gegensatz zu der unten behandelten Haftung für Lieferfristüberschreitung — nicht in Frage kommt. Dies gilt namentlich auch für die Bestimmungen über die Höhe der Entschädigung oder über die Tatbestandsaufnahme. Die Eisenbahn haftet vielmehr nach der IOP. im Rahmen des Art. 5 § 5 ff. der Höhe nach grundsätzlich unbeschränkt.

Um dem Einsteller den Beweis eines Verschuldens der Eisenbahn zu erleichtern, enthält Artikel 5 § 5 Satz 1 IOP. auf Grund eines deutschen Antrags eine Sondervorschrift, wonach die Eisenbahn bei Beschädigung eines Privatwagens oder bei Verlust von Bestandteilen den Tatbestand nach Artikel 43 § 1 IÜG. festzustellen hat. Hieraus folgt, daß auch die sonstigen Vorschriften des Artikels 43 § 1 über den Inhalt der Tatbestandsaufnahme und namentlich über die Pflicht der Eisenbahn, dem Berechtigten auf sein Verlangen eine Abschrift der Tatbestandsaufnahme unentgeltlich auszuhändigen, für Privatwagen gelten.

Der Auffassung des Gesetzgebers ist darin beizupflichten, daß eine allgemeine Übertragung der Haftungsgrundsätze des IÜG. für Güter auf die IOP. der Sachlage nicht entsprochen hätte. Ob allerdings auf der anderen Seite die beschlossene Regelung den Wünschen der Privatwageneinsteller in ausreichendem Maß gerecht wird, erscheint zum mindesten sehr fraglich. Die Internationale Handelskammer hatte in ihren Vorschlägen für die römische Konferenz ebenfalls eine Haftung der Eisenbahn nur bei Verschulden vorgeschlagen, wollte aber nicht dem Einsteller, sondern der Eisenbahn die Beweislast auferlegen. Die römische Konferenz hat diesen Vorschlag als zu weitgehend abgelehnt. Es wird nun bei der Handhabung der Vorschriften in der Praxis darauf ankommen, daß die Eisenbahnen durch eine verständnisvolle Auslegung der Bestimmungen bestrebt sind, etwaige sich aus Fassung der IOP. ergebende Härten für die Privatwageneinsteller und -benutzer auszugleichen.

b) Die Haftung der Eisenbahn für Lieferfristüberschreitung.

Die Haftung der Eisenbahn für Lieferfristüberschreitung von Privatwagen ist völlig verschieden geregelt, je nachdem es sich um einen beladenen oder einen leeren Privatwagen handelt.

Bei der Beförderung von Privatwagen in beladenem Zustand kommt lediglich eine Haftung für das Gut nach den allgemeinen Vorschriften des IÜG. in Frage. Der Privatwagen hat hier keine selbständige Bedeutung, nach Artikel 5 § 2 IOP. wird deshalb „bei Überschreitung der Lieferfrist für Güter, die in Privatwagen verladen sind, für verspätete Rückgabe des Wagens keine Haftung übernommen".

Auf die Beförderung von leeren Privatwagen, die auf Frachtbrief befördert werden, finden dagegen mangels einer entgegenstehenden Vorschrift in der IOP. grundsätzlich die Vorschriften des IÜG. über Lieferfristen (Artikel 11) und die Haftung der Eisenbahn für Lieferfristüberschreitung (Artikel 27 §§ 3 und 33) Anwendung. Es gelten hier lediglich folgende Abweichungen:

Zunächst ist in Artikel 5 § 1 Absatz 2 IOP. bestimmt, daß die Lieferfristen außer nach Artikel 11 § 7 IÜG. auch während des Stillstands des Wagens bei Beschädigungen ruhen, die eine Fortsetzung der Beförderung verhindern.

In der Frage der Haftung der Eisenbahn für Lieferfristüberschreitung ist zu beachten, daß nach Artikel 4 § 2 IOP. bei Beförderung von leeren Privatwagen das Interesse an der Lieferung nicht angegeben werden darf, und daß deshalb auch bei der Haftung der Eisenbahn für Lieferfristüberschreitung der in Artikel 35 IÜG. für den Fall der Interesseangabe vorgesehene höhere Entschädigungsbetrag für Privatwagen nicht in Frage kommt.

Artikel 5 § 1 IOP. enthält ferner eine wichtige Abweichung von den Vorschriften des IÜG., indem er bestimmt, daß die Eisenbahn auch für Lieferfristüberschreitung nur dem Wageneinsteller haftet. Diese Vorschrift geht davon aus, daß es in erster Linie dem Einsteller darauf ankommt, möglichst bald wieder in den Besitz des Privatwagens zu kommen. Bei der Rücksendung von leeren Privatwagen wird der Einsteller vielfach auch als Empfänger bezeichnet sein (vgl. Artikel 2 § 4 IOP.). Dieses Bedürfnis nach beschleunigter Zusendung oder Rückgabe des Wagens durch die Eisenbahn muß nach Ansicht des Gesetzgebers offenbar dann zurücktreten, wenn ein Dritter Empfänger des leeren Wagens ist. In diesem Fall ist nämlich niemand berechtigt, Ansprüche wegen Lieferfristüberschreitung geltend zu machen. Denn der

Einsteller ist hier nicht Verfügungsberechtigter, während der Dritte keine Entschädigung wegen Artikels 5 § 1 Abs. 1 IOP. geltend machen kann.

4. Die Aktiv- und Passivlegitimation.

Der von den Vorschriften des IÜG. grundsätzlich abweichenden Haftungsregelung entspricht auch eine völlig andere Regelung der Aktiv- und Passivlegitimation. Aus der Tatsache der Einstellung eines Privatwagens bei einer bestimmten Eisenbahn ergibt sich, daß sich die wichtigsten Rechtsbeziehungen nur zwischen dem Einsteller und dieser Bahn abwickeln. Dem entspricht es auch, daß nach Artikel 5 § 11 IOP. alle Reklamationen und Klagen wegen Beschädigung des Privatwagens, Verlusts seiner Bestandteile nur vom Einsteller gegen die Einstellungsbahn gerichtet werden können.

Im Gegensatz hierzu ist die Regelung der Haftung der Eisenbahn für Lieferfristüberschreitung, wie oben dargelegt, weit mehr an die entsprechenden Bestimmungen des IÜG. angepaßt worden. Deshalb dürfen auch Ansprüche und Klagen wegen Lieferfristüberschreitung gegen jede der nach Artikel 42 § 3 IÜG. zuständigen Eisenbahnen gerichtet werden (vgl. Artikel 5 § 11 Satz 2 IOP.). Auch diese Ansprüche können nach Artikel 5 § 1 IOP. nur vom Einsteller geltend gemacht werden.

8. Die Internationale Ordnung für den Expreßgutverkehr (IOEx.)[1].

I. Allgemeines.

Im Gegensatz zu den internationalen Eisenbahnverkehrsübereinkommen enthält die deutsche Eisenbahnverkehrsordnung für den Binnenverkehr bereits seit dem Jahr 1892 eine besondere Regelung für den Expreßgutverkehr. Diese besondere Verkehrsart, die sich in ihrer Abfertigung eng an die des Reisegepäcks anlehnt, ist in Süddeutschland (namentlich in Baden und Württemberg) entstanden und im Lauf der Jahre auch im übrigen Deutschland zu großer Beliebtheit gelangt.

Schon vor dem Weltkrieg bestand ein, wenn auch noch schwacher, durch besondere Tarife geregelter internationaler Expreßgutverkehr zwischen Deutschland und seinen Nachbarländern. In der Nachkriegszeit

[1] Vgl. hierzu von Nánássy: „Zur Frage der Einführung einer Expreßgüterbeförderung im internationalen Verkehr“ in der Berliner Zeitschrift für die internationale Eisenbahnbeförderung 1926, S. 371 (Heft 12) und Toggenburger: „Expreßgut im zwischenstaatlichen Verkehr“ in der gleichen Zeitschrift 1927, S. 199 (Heft 6).

hat dieser Verkehr im Lauf der Jahre eine erhebliche Bedeutung gewonnen. So bestehen zur Zeit zahlreiche internationale Expreßgut-Verbandstarife. Deutschland hat z. B. solche Tarife mit fast allen europäischen Eisenbahnen vereinbart. Die Bedeutung des Expreßgutverkehrs wird sich in Zukunft voraussichtlich noch steigern, weil gerade diese Verkehrsart durch die einfache Abfertigung und die rasche Beförderung der Sendungen besonders geeignet ist, die Eisenbahn in ihrem Wettbewerb gegenüber Kraftwagen und Flugzeug zu stärken. Um diese Tarife möglichst einheitlich zu gestalten, haben sowohl der Verein Mitteleuropäischer Eisenbahnverwaltungen im Jahr 1926 als auch der Internationale Eisenbahnverband im Jahr 1924 als Muster für die einzelnen Verbandstarife reglementarische Vorschriften für diesen Verkehr ausgearbeitet, die teilweise voneinander abweichen.

Die internationale Eisenbahngesetzgebung hat sich mit dem Expreßgutverkehr bisher überhaupt nicht befaßt. Weder das IÜG. noch das IÜP. in ihrer jetzt geltenden Fassung kennen diese Verkehrsart. Ähnlich wie beim Privatwagenverkehr waren Zweifel darüber entstanden, ob man nicht für die Expreßguttarife auch eine besondere Rechtsgrundlage schaffen müsse. Ist man der Auffassung, daß Expreßgut als Gut im Sinn des IÜG. anzusehen ist, so würden alle Bestimmungen der Expreßguttarife insoweit nichtig sein, als sie mit den Bestimmungen des IÜG. im Widerspruch stehen. Es lag daher nahe, durch eine gesetzliche Regelung des Expreßgutverkehrs diese Zweifel zu beseitigen und damit auch den Expreßguttarifen eine einwandfreie rechtliche Grundlage zu geben. Eine gesetzliche Regelung beseitigt außerdem wenigstens in den wichtigsten Fragen die Unzuträglichkeiten, die durch die Verschiedenheiten der einzelnen tarifarischen Vereinbarungen heute noch bestehen.

Aus diesen Gründen hatten fast alle Staaten — wenn auch in ganz verschiedenem Sinn — für die römische Konferenz Anträge für eine gesetzliche Regelung des internationalen Expreßgutverkehrs gestellt.

Eine Reihe von Staaten hatte es für ausreichend angesehen, wenn die im ersten Teil dieser Abhandlung (Abschnitt C I) bereits erwähnte, vom Internationalen Eisenbahnverband ausgearbeitete allgemeine Ermächtigungsklausel in das IÜG. aufgenommen würde, wonach die Eisenbahnen durch passende Bestimmungen in ihren Tarifen geeignete Bedingungen über die Beförderung von Gegenständen vereinbaren können, die durch ihre Art oder die Verkehrsbedürfnisse eine andere Rechtsordnung als die im IÜG. vorgesehene erfordern. Nach der Auffassung dieser Staaten würde durch diese allgemeine Bestimmung auch eine ausreichende gesetzliche Grundlage für die internationalen Expreßguttarife geschaffen. Für eine nähere gesetzliche Regelung lägen noch nicht in allen Staaten genügende Erfahrungen vor.

Anderseits hatten einige Staaten zwar nicht förmlich beantragt, aber zur Erwägung gegeben, für den Expreßgutverkehr neben dem IÜG. und IÜP. ein besonderes internationales Übereinkommen (IÜEx.) zu schaffen, das die wichtigsten Bestimmungen über diesen Verkehr einheitlich zusammenfassen sollte.

Nach der in Rom vorherrschenden Auffassung hätte es der Bedeutung des internationalen Expreßgutverkehrs nicht entsprochen, wenn man in das IÜG. lediglich eine allgemeine Ermächtigung für eine nähere Regelung durch die Expreßguttarife aufgenommen hätte. Die neue Vorschrift des Artikels 61 § 3, die eine solche Ermächtigung für bestimmte, besonders aufgeführte Beförderungen enthält, führt deshalb auch den Expreßgutverkehr nicht mit auf. Anderseits hielt man aber eine eingehende gesetzliche Regelung, insbesondere auch die Vereinbarung eines besonderen internationalen Übereinkommens über den Expreßgutverkehr, zur Zeit noch für verfrüht. Es ist deshalb in einer besonderen Anlage zum IÜG. (Anlage VIII) lediglich eine Reihe von Rahmenbestimmungen — sechs Paragraphen — für den internationalen Expreßgutverkehr aufgenommen, und sind darin die allgemeinen Vorschriften rechtlicher Art für diesen Verkehr zusammengefaßt worden. Die abfertigungstechnischen und tarifarischen Bestimmungen sollen dagegen auch weiterhin der Regelung durch die Tarife überlassen bleiben, um die Weiterentwicklung des internationalen Expreßgutverkehrs nicht vorzeitig durch einengende Vorschriften zu hemmen.

Durch die Beifügung der Anlage zum Übereinkommen über den Eisenbahn f r a c h t verkehr hat die Konferenz vor allem die bisher bestehende Meinungsverschiedenheit darüber, ob der Expreßgutverkehr als ein Teil des Gepäckverkehrs oder des Güterverkehrs anzusehen ist, zugunsten des letzteren entschieden. Diese Lösung ist durchaus zu begrüßen, da sie in jeder Hinsicht der Sachlage entspricht. Denn, mag der Expreßgutverkehr zwar beförderungstechnisch dem Reisegepäckverkehr sehr ähnlich sein, so ist er doch seinem Wesen und seiner wirtschaftlichen Bedeutung nach ein Teil der Güterbeförderung. Er nimmt auch in abfertigungstechnischer Hinsicht immer mehr die Formen des Güterverkehrs an. So ist z. B. auch bereits nicht nur im innerdeutschen Expreßgutverkehr, sondern auch in einigen internationalen Expreßgutverbandstarifen die Belastung der Sendung mit Nachnahme zugelassen.

II. Der Inhalt der Anlage VIII, insbesondere ihr Verhältnis zum IÜG. und zu den internationalen Expreßguttarifen.

1. Allgemeines.

Überblickt man den Inhalt der neuen Internationalen Ordnung für die Beförderung von Expreßgut (IOEx.), so fällt sogleich in § 1 ein grundsätzlicher Unterschied zum IÜG. und zu den anderen Anlagen auf. Während nämlich sonst die Anwendung des IÜG. lediglich davon abhängig ist, daß eine Sendung auf internationalen Frachtbrief befördert wird, auch wenn auf der fraglichen Beförderungstrecke keine direkten Tarife bestehen, so können die Bestimmungen der IOEx. nur in solchen Verbindungen wirksam werden, in denen direkte internationale Expreßguttarife vereinbart sind. Solche Tarife werden aber nur dort erstellt werden, wo die Eisenbahnen hierfür ein Bedürfnis anerkennen. Es besteht hier die gleiche Rechtslage wie im Bereich des Internationalen Übereinkommens über den Eisenbahn-Personen- und Gepäckverkehr[1], das ebenfalls nur dann zur Anwendung kommt, wenn eine direkte Abfertigung besteht. Die Entscheidung darüber, für welche Verbindungen internationale Fahrausweise und Gepäckscheine ausgegeben werden, ist nach Artikel 1 § 4 IÜP. ausschließlich den Tarifen überlassen.

Diese überwiegende Bedeutung der Tarife gegenüber der gesetzlichen Regelung besteht aber nicht nur in förmlicher Beziehung, sondern in weitem Umfang auch in sachlicher Hinsicht. Dies kommt zunächst dadurch zum Ausdruck, daß die IOEx. nur einige zwingende Bestimmungen enthält, im übrigen aber mehrfach zum Ausdruck bringt, daß die Tarife Abweichungen vorsehen können. Um den Eisenbahnen für eine zweckentsprechende Ausgestaltung des Expreßgutverkehrs möglichst freie Hand zu lassen, gibt ferner § 6 der IOEx. ganz allgemein den Tarifen — von einigen Ausnahmen abgesehen — die Möglichkeit, auch andere als die in der IOEx. angeführten Abweichungen von den Bestimmungen des IÜG. vorzusehen. Erst wenn weder die IOEx. noch die Tarife etwas anderes bestimmen, kommen die Bestimmungen des IÜG. selbst zur Anwendung.

Wenn auch hiernach die Bedeutung des IÜG. für den internationalen Expreßgutverkehr zunächst gering erscheinen mag, so ist doch durch die Einarbeitung der Expreßgutbestimmungen in das IÜG. nicht nur eine Rechtsgrundlage für die Expreßguttarife geschaffen, sondern auch vor allem sichergestellt worden, daß eine Reihe von Bestimmungen des Über-

---

[1] Vgl. hierzu v. d. Leyen, Archiv für Eisenbahnwesen 1929, S. 157 (Besprechung des Loeningschen Kommentars zum IÜP.).

einkommens, wie die gerichtliche und außergerichtliche Aktiv- und Passivlegitimation bei der Geltendmachung von Ansprüchen und die Verzinsung und Verjährung von Ansprüchen sowie das Verhältnis der Eisenbahnen zueinander, ohne weiteres auch für den Expreßgutverkehr gilt, soweit die Tarife keine Abweichungen ausdrücklich vorsehen.

2. Die wichtigeren Bestimmungen der IOEx.

Was zunächst die Begriffsbestimmung des Expreßguts betreffe, so kam man in Rom nach eingehenden Beratungen zu dem Ergebnis, daß es der Entwicklung des Expreßgutverkehrs nicht förderlich sei, wenn in die IOEx. eine bindende Begriffsbestimmung des Expreßguts aufgenommen werde. Es sei durchaus möglich, daß die bisher übliche Bestimmung, wonach als Expreßgut nur Gegenstände angenommen werden, die sich zur Beförderung im Packwagen von Personenzügen eignen, schon nach kurzer Zeit den Bedürfnissen des Verkehrs nicht mehr in ausreichendem Maß gerecht werde. Der § 1 IOEx. enthält daher diese Erläuterung des Expreßguts nur als Richtlinie für den Regelfall, überläßt es aber den Tarifen, auch andere Güter zur Beförderung als Expreßgut zuzulassen.

Eine zwingende Bestimmung enthält dagegen § 2 IOEx., der ein Annahmeverbot für die von der Beförderung ausgeschlossenen Gegenstände und die Vorschriften für die Annahme der nur bedingungsweise zur Beförderung zugelassenen Gegenstände enthält. Da es sich hier um sicherheitspolizeiliche Vorschriften handelt, dürfen die Tarife keine Erleichterungen, sondern nur weitere Erschwerungen der Bedingungen für die Annahme solcher Güter zur Beförderung als Expreßgut vorsehen.

Die IOEx. enthält ferner in § 3 eine zwingende Vorschrift, wonach der Absender für die Richtigkeit seiner Angaben oder Erklärungen in der Frachturkunde haftet und „alle Folgen trägt, die daraus entstehen, daß diese Angaben oder Erklärungen unrichtig, ungenau oder unvollständig sind“. Über die Frage, welche Angaben der Absender in die Frachturkunde einzutragen hat, und welcher Art die Folgen unrichtiger, ungenauer oder unvollständiger Angaben sind, enthält die IOEx. keine Vorschriften. Sie behandelt namentlich auch nicht das Recht der Eisenbahn zur Erhebung von Frachtzuschlägen. Die Regelung dieser Fragen bleibt also in erster Linie den Expreßguttarifen überlassen, und erst, wenn diese nichts bestimmen, finden auch auf den Expreßgutverkehr die Vorschriften des Artikels 7 IÜG. Anwendung.

Ein Muster der Frachturkunde (Expreßgutkarte) legt die IOEx. nicht fest, weil die Mehrheit der Konferenzteilnehmer der Auffassung war, daß über die zweckmäßigste Gestalt dieser Beförderungsurkunde noch keine genügenden Erfahrungen vorliegen. Die IOEx. hat deshalb in § 3 nur eine Reihe von Angaben angeführt, die die Expreßgutkarte stets enthalten muß, im übrigen sollen das Muster und der sonstige Inhalt der Frachturkunde in den Tarifen geregelt werden.

Die L i e f e r f r i s t für Expreßgut wird in § 5 Satz 2 IOEx. behandelt, die insoweit zwingend ist, als sie bestimmt, daß die in den Tarifen näher festzusetzende Lieferfrist für Expreßgut stets kürzer sein muß als die kürzesten im IÜG. vorgesehenen Lieferfristen. Im übrigen soll Expreßgut „mit schnellen Beförderungsmitteln" befördert werden, wobei die Konferenz, wie die Niederschrift ausdrücklich hervorhebt, davon ausgegangen ist, daß die Eisenbahnen Expreßgut sowohl auf der Schiene wie mit dem Kraftwagen befördern dürfen.

Wie bereits erwähnt, enthält die IOEx. ferner die Vorschrift (§ 6), daß die Expreßguttarife von einer Reihe von Artikeln des IÜG. nicht abweichen dürfen. Es sind hier die Artikel 26 bis 29, 31, 32 und 36 bis 46 IÜG. aufgezählt. Es handelt sich also im wesentlichen um die Vorschriften über den Umfang der H a f t u n g d e r E i s e n b a h n f ü r V e r l u s t , M i n d e r u n g und B e s c h ä d i g u n g des Guts, über die Haftbefreiungsgründe, die Höhe der Entschädigung, ferner um die Bestimmungen über die Haftungsgemeinschaft der Eisenbahnen, die Aktiv- und Passivlegitimation bei der Geltendmachung von gerichtlichen und außergerichtlichen Ansprüchen gegen die Eisenbahn und die Verjährung der Ansprüche aus dem Frachtvertrag. Die in den Artikeln 33 und 35 enthaltene Regelung der Entschädigung bei L i e f e r f r i s t ü b e r s c h r e i t u n g und bei Angabe eines Interesses an der Lieferung ist dagegen den Tarifen überlassen.

Man wird hierbei davon ausgehen müssen, daß die Haftungsbestimmungen des IÜG. für die Expreßguttarife auch nur in gleichem Umfang zwingend sind wie für den gewöhnlichen Güterverkehr. Diese Frage ist von besonderer Bedeutung bei g e m i s c h t e n B e f ö r d e r u n g e n , für die nach dem neuen Artikel 2 § 4 die Eisenbahntarife u. U. auch von den Vorschriften des IÜG. abweichen und namentlich auch für die Eisenbahnstrecke eine andere Regelung der Haftung der Eisenbahn vorsehen können (vgl. die Ausführungen im ersten Teil dieses Aufsatzes unter B II 2). Insoweit ist also die zwingende Bedeutung der Haftungsvorschriften für den Güterverkehr aufgehoben. Dies muß auch für den Expreßgutverkehr gelten. Da es sich bei Artikel 2 § 4 IÜG. um eine Sondervorschrift für bestimmte Beförderungen handelt, wird man also davon ausgehen müssen, daß er der allgemeinen Vorschrift des § 6 IOEx. vorgeht, und demgemäß auch die Expreßguttarife im gemischten Verkehr mit anderen Verkehrsmitteln von der Ermächtigung des Art. 2 in gleichem Umfang wie die sonstigen Gütertarife Gebrauch machen können. Es dürfte jedoch zweckmäßig sein, diese Frage, die bei den römischen Beratungen nicht besonders zur Sprache gekommen ist, bei der nächsten Revision des IÜG. in der IOEx. ausdrücklich zu regeln.

Da anderseits Expreßguttarife Eisenbahntarife im Sinn von Artikel 9 IÜG. sind, wird man — obwohl dies in der IOEx. nicht ausdrücklich erwähnt ist — auch alle zwingenden Bestimmungen des Artikels 9, also namentlich auch über die Veröffentlichung und die gleichmäßige Behandlung der Verfrachter von den Tarifen auf die Expreßguttarife anwenden müssen (vgl. hierzu die Ausführungen im ersten Teil dieses Aufsatzes zu Artikel 61 § 3 und C I S. 491).

Man wird schließlich auch voraussetzen müssen, daß die Expreßguttarife von dem wichtigen öffentlich-rechtlichen Grundsatz der Beförderungspflicht der Eisenbahn nicht abweichen dürfen, obwohl Artikel 5 in der IOEx. nicht ausdrücklich erwähnt ist, weil davon auszugehen ist, daß durch die Regelung in einer Anlage zum IÜG. klargestellt ist, daß der Expreßgutverkehr nur eine besondere Abart des Güterverkehrs ist, die ohne eine Ermächtigung in einer der wichtigsten grundsätzlichen Fragen nicht abweichend vom IÜG. geregelt werden darf.

Es wird die Aufgabe künftiger Revisionskonferenzen sein, diese erste internationale Regelung des Expreßgutverkehrs, die im wesentlichen nur eine Rechtsgrundlage für die Expreßguttarife bildet, weiter auszugestalten und hierbei die inzwischen gesammelten Erfahrungen zu verwerten.

Um die beiden neuen Anlagen VII und VIII den wechselnden Bedürfnissen des Verkehrs besser anzupassen und die inzwischen gesammelten Erfahrungen rascher verwerten zu können, hatten einige Staaten in Rom angeregt, für die genannten Anlagen kürzere Revisionsfristen als die für das IÜG. und u. U. auch ein besonderes Revisionsverfahren — ähnlich demjenigen für die Anlage I — vorzusehen. Die Mehrheit der Konferenzteilnehmer konnte hierfür jedoch kein ausreichendes Bedürfnis anerkennen und hat diese Anregungen abgelehnt.

E. Das Übereinkommen über den Personen- und Gepäckverkehr (IÜP.).

I. Allgemeines.

Im ersten Teil dieses Aufsatzes sind bereits — namentlich in Abschnitt A und B I — die allgemeinen Fragen auch für das neue Inter nationale Übereinkommen über den Eisenbahn-Personen- und Gepäckverkehr (IÜP.) mitbehandelt worden. Im folgenden seien daher nur noch einige besondere, das IÜP. betreffende Fragen erwähnt.

Beim IÜP. handelt es sich um ein wesentlich jüngeres Übereinkommen als bei dem IÜG., denn es ist — nachdem im Jahr 1911 bereits ein Entwurf ausgearbeitet worden war — erst auf der Konferenz im Jahr 1923 beschlossen worden. Es handelte sich also in Rom um die erste Durchsicht des IÜP. nach seinem Inkrafttreten. Wie bereits erwähnt, lagen für das IÜP. gegen 140 Abänderungsanträge vor, die vielfach keine Änderung, sondern nur eine Ergänzung der jetzigen Bestimmungen — namentlich auch die Übernahme von einheitlichen Zusatzbestimmungen in das Übereinkommen selbst — anstrebten. Hieraus war zu ersehen, daß sich die Vorschriften des IÜP. im allgemeinen bewährt hatten. Die Revisionskonferenz konnte daher davon absehen, sie grundlegend zu ändern. Eine Reihe von Änderungen, namentlich bei den Haftungsvorschriften, war die Folge von Abänderung der entsprechenden Vorschriften des IÜG., deren Übernahme zur Gleichhaltung der beiden Übereinkommen erforderlich war. Im übrigen ist das IÜP. in mancher Beziehung zugunsten der Reisenden abgeändert oder ergänzt worden.

Im folgenden seien zunächst die Abänderungen des IÜP., die aus dem IÜG. übernommen worden sind, und sodann die ohne Rücksicht auf das IÜG. vorgenommenen Änderungen besprochen. Den Inhalt des jetzigen IÜP. hat Fritsch in der bereits mehrfach erwähnten Abhandlung in dieser Zeitschrift (1924 S. 610 ff.) ausführlich behandelt, auch hier sei auf seine Ausführungen verwiesen.

II. Die Bestimmungen über gemischte Beförderungen[1] (Artikel 2 § 4 IÜP.).

Es sei in diesem Zusammenhang nochmals darauf hingewiesen, daß die im ersten Teil dieser Abhandlung besprochenen Bestimmungen des neuen Artikels 2 § 4 über tarifarische Vereinbarungen der Eisenbahn mit anderen Verkehrsmitteln auch im Personen- und Gepäckverkehr gelten und in beiden Übereinkommen wörtlich übereinstimmen. Die Ermächtigung für die Tarife, auch für die Eisenbahnstrecke eine andere Haftungsregelung als im IÜP. vorzusehen (vgl. S. 488), kann sich hier nur bei der Haftung für Reisegepäck auswirken, weil die Haftung für die Tötung oder Verletzung eines Reisenden infolge eines Zugunfalls sowie für den

[1] vgl. hierzu: Wegerdt: „Die rechtlichen Grundlagen des deutschen und internationalen Luftverkehrs“ in Verkehrstechnische Woche 1932, S. 161 (Heft 12).

Schaden, der durch Verspätung oder Ausfall eines Zugs oder durch Anschlußversäumnis entsteht, auch künftig nach Artikel 28 IÜP. nicht im Übereinkommen selbst geregelt ist, sondern sich nach den einzelstaatlichen Gesetzen und Vorschriften richtet.

III. Die Vorschriften über die Tarife und die Berechnung der Beförderungspreise (Artikel 23 und 24).

In Anbetracht der vom Güterverkehr abweichenden Abfertigungsart des Personenverkehrs stimmen die Bestimmungen über die Tarife auch in der jetzigen Fassung des IÜP. nicht allenthalben mit denen des IÜG. überein. Die wichtigen Grundsätze namentlich über den Zwang der Eisenbahn zur Veröffentlichung der Tarife und die Pflicht zur gleichen Behandlung aller Eisenbahnbenutzer gegenüber den Tarifen haben aber von jeher in beiden Übereinkommen übereingestimmt. Sie sind auch im neuen IÜP. nicht abgeändert worden. Der hierfür zunächst in Frage kommende Artikel 23 IÜP. hat — abgesehen von einer unter b) zu behandelnden Änderung — nur einige Fassungsänderungen erfahren, während Artikel 24 völlig unverändert geblieben ist.

a) Veröffentlichungsfrist.

Wie unter C II Ziffer 3 b) im ersten Teil dieser Abhandlung näher ausgeführt worden ist, hat das IÜG. in Artikel 9 § 1 neu bestimmt, daß Tariferhöhungen und andere Erschwerungen der Beförderungsbedingungen erst nach einer Mindestfrist von 15 Tagen nach ihrer Veröffentlichung in Kraft treten dürfen. Das IÜP. hat eine ähnliche Bestimmung bereits im jetzigen Artikel 23 § 2 dritten Absatz, wonach Erhöhungen der direkten internationalen Tarife oder andere Erschwerungen der Beförderungsbedingungen spätestens acht Tage vor dem für die Einführung festgesetzten Zeitpunkt zu veröffentlichen sind. In Rom hat man hieran nichts geändert. Im übrigen bleiben auch hier für die Veröffentlichung die in den einzelnen Staaten geltenden Gesetze und Vorschriften maßgebend.

b) Veröffentlichung in den Durchgangstaaten.

Die unter C II Ziffer 3 c) besprochene neue Bestimmung des Artikels 9 § 1 zweiter Absatz IÜG. ist auch in Artikel 23 § 1 zweiter Absatz IÜP. neu aufgenommen worden. Es brauchen also auch im Personenverkehr internationale Tarife nur in den Staaten veröffentlicht zu werden, deren Eisenbahnen an diesen Tarifen als Abgangs- und Bestimmungsbahn beteiligt sind.

IV. Die Haftungsvorschriften des IÜP.

1. Entschädigungshöchstbeträge.

Entsprechend der unter Abschnitt C III Ziffer 1 für das IÜG. behandelten Verdopplung der jetzigen Höchstbeträge der Entschädigung der Eisenbahn für Verlust, Minderung oder Beschädigung sind auch für den Gepäckverkehr die entsprechenden Höchstbeträge verdoppelt worden. Nach Artikel 31 IÜP. haftet sonach die Eisenbahn bei Verlust oder Minderung des Reisegepäcks bei nachgewiesenem Schaden bis zur Höhe von 40 (jetzt 20) Goldfranken, bei nicht nachgewiesenem Schaden für einen Pauschalsatz von 20 (jetzt 10) Goldfranken für jedes fehlende Kilogramm des Rohgewichts. Auch hier haftet die Eisenbahn nach Artikel 36 bei Vorsatz oder grober Fahrlässigkeit der Eisenbahn bis zum Doppelten der Beträge. Bei den römischen Verhandlungen haben u. a. auch die deutschen Vertreter darauf hingewiesen, daß Reisegepäck im allgemeinen wertvoller sei als Gegenstände, die als Fracht- oder Eilgut aufgegeben werden, und daß es deshalb im Hinblick auf den im IÜG. festgesetzten Höchstbetrag von 100 (bisher 50) Goldfranken gerechtfertigt erscheine, den jetzigen Entschädigungshöchstbetrag für Reisegepäck nicht nur zu verdoppeln, sondern dem Höchstbetrag im Güterverkehr anzugleichen. Die Mehrheit der Konferenzteilnehmer hat sich jedoch diese Anregung nicht zu eigen gemacht, weil es sich bei Reisegepäck fast durchweg um gebrauchte Gegenstände handele, und die Gepäcktarife in einigen Ländern sehr niedrig seien, so daß man der Eisenbahn keine allzu hohen Entschädigungsleistungen zumuten könne.

Entsprechend der Regelung für Verlust, Minderung und Beschädigung sind auch die Entschädigungsbeträge für verspätete Auslieferung von Reisegepäck verdoppelt worden, und zwar bei nicht nachgewiesenem Schaden in Artikel 34 ohne Angabe des Interesses an der Lieferung auf 0,20 Goldfranken und in Artikel 35 § 3 a beim Vorliegen einer Interessenangabe auf 0,40 Goldfranken für das Kilogramm des verspätet ausgelieferten Reisegepäcks. Wird nachgewiesen, daß ein Schaden aus der Verspätung entstanden ist, so hat die Eisenbahn, falls kein Interesse an der Lieferung angegeben ist, auch künftig eine Entschädigung bis zum Vierfachen des in Artikel 34 § 1 angegebenen Betrags und beim Vorliegen einer Interessenangabe eine Entschädigung bis zur Höhe des angegebenen Betrags zu leisten.

2. Umfang der Haftung der Eisenbahn (Artikel 30).

Die im ersten Teil dieser Abhandlung unter Abschnitt C III 2 a) behandelten Änderungen der Vorschriften über die Haftung für Lieferfristüberschreitung sind auch in den Artikel 30 IÜP. übernommen worden. Artikel 30 § 1 lautet jetzt:

„Die Eisenbahn haftet unter den in diesem Kapitel festgesetzten Bedingungen für den Schaden, der durch gänzlichen oder teilweisen Verlust oder durch Beschädigung des Gepäcks in der Zeit von der Annahme bis zur Auslieferung oder durch verspätete Auslieferung entsteht."

Die Vorschrift lautet künftig wie folgt:

„Die Eisenbahn haftet unter den in diesem Kapitel festgesetzten Bedingungen für die verspätete Auslieferung und für den Schaden, der durch gänzlichen oder teilweisen Verlust oder durch Beschädigung des Gepäcks in der Zeit von der Annahme zur Beförderung bis zur Auslieferung entsteht."

Auch in dem neuen § 3 lautet es künftig nicht mehr wie bisher:

„Die Eisenbahn ist von der Haftung für den Schaden aus der verspäteten Auslieferung befreit, wenn sie beweist, daß die Verspätung durch Umstände herbeigeführt worden ist, die sie nicht abzuwenden und denen sie auch nicht abzuhelfen vermochte."

sondern:

„Die Eisenbahn ist von der Haftung für verspätete Auslieferung befreit, wenn sie beweist ... usw. wie bisher."

Hierdurch soll ebenso wie in Artikel 27 IÜG. zum Ausdruck kommen, daß bei verspäteter Auslieferung von Gepäck die Grundsätze, nach denen die Eisenbahn haftet und ihre Haftbefreiung geltend machen kann, auch dann Anwendung finden, wenn aus der verspäteten Auslieferung kein Schaden entstanden ist.

3. Haftung bei der Weiteraufgabe (Reexpedition).

Eine Übernahme der unter Abschnitt C III 2 b) dieser Abhandlung behandelten neuen Vorschrift des Artikels 27 § 4 IÜG. für die Haftung der Eisenbahn bei Neuaufgabe einer Wagenladung ohne Umladung kam für das IÜP. nicht in Frage, da sich die Abfertigung des Reisegepäcks nicht wie bei Wagenladungen, sondern ähnlich wie bei Stückgut vollzieht. Für das letztere hat aber auch das IÜG. kein Bedürfnis für eine besondere Regelung der Neuaufgabe anerkannt.

4. Die Haftbefreiungsgründe der Eisenbahn (Artikel 30 §§ 2 und 3).

Die Vorschriften über die bevorrechtigten und die nichtbevorrechtigten Haftbefreiungsgründe der Eisenbahn in Artikel 30 §§ 2 und 3 IÜP. haben die gleichen Änderungen erfahren wie die entsprechenden Artikel 27 und 28 IÜG. (vgl. die Ausführungen unter C III 2 c und 3 dieser Abhandlung). Das IÜP. spricht also z. B. nicht mehr von der „natürlichen Beschaffenheit“, sondern von den „besonderen Mängeln“ des Gepäcks. Nur kam es für das IÜP. nicht in Frage, die neue Sonderbestimmung des Artikels 28 § 2 Abs. 2 für außergewöhnlichen Abgang usw. bei Beförderung in offenen Wagen zu übernehmen, weil im IÜP. für eine derartige Bestimmung überhaupt kein Raum ist.

Ebenso wie im Güterverkehr hat die Konferenz ferner davon abgesehen, eine besondere Vorschrift für die Haftung der Eisenbahn im Fall ihres Verschuldens in das IÜP. aufzunehmen.

5. Sonstige Haftungsvorschriften.

a) Die Ausführungen unter Abschnitt C III Ziffer 4—6 dieser Abhandlung über die vom neuen IÜG. getroffene Regelung der Angabe des Interesses an der Lieferung, des Zusammentreffens von Verlust, Minderung oder Beschädigung mit Lieferfristüberschreitung sowie der Aktiv- und Passivlegitimation bei Geltendmachung von Rückerstattungsansprüchen gegen die Eisenbahn gelten ohne Einschränkung auch für die entsprechenden neuen Bestimmungen des IÜP. (Artikel 34 § 3 letzter Absatz, 35 und 42 § 1).

b) Was die Pflicht der Eisenbahn zur Aufnahme des Tatbestands betrifft, so gilt das unter Abschnitt C III 7 dieser Abhandlung für Artikel 43 IÜG. Gesagte auch für Artikel 43 IÜP. In den Einzelheiten weichen beide Artikel allerdings insofern voneinander ab, als nach Artikel 43 IÜP. die Eisenbahn in jedem Fall auch das Gewicht des Gepäcks feststellen muß, während sie nach der Neufassung von Artikel 43 IÜG. Güter nur erforderlichenfalls verwiegen muß. Die neue Vorschrift des Artikels 43 IÜG., wonach die Eisenbahn die Tatbestandsaufnahme unentgeltlich aushändigen muß, findet sich dagegen auch in Artikel 43 IÜP.

Der Gesetzgeber hat sich auch mit der Frage befaßt, ob die Eisenbahn verpflichtet sein solle, bei der Aufnahme des Tatbestands nicht nur möglichst den Berechtigten, sondern auch Zeugen zuzuziehen. Man hat aber davon abgesehen, eine solche Vorschrift einzufügen, weil ihre Durchführung auf kleinen Stationen Schwierigkeiten verursacht hätte.

V. Die sonstigen neuen Vorschriften des IÜP.

Im folgenden sollen die wichtigeren Neuerungen des IÜP. besprochen werden, die unabhängig von der Revision des IÜG. eingefügt worden sind.

1. Begriff des Reisegepäcks.

a) Nach der bisherigen Fassung des Artikels 17 § 1 werden als Reisegepäck grundsätzlich nur die Gegenstände zugelassen, die zum persönlichen Gebrauch des Reisenden bestimmt und in Reisekoffern usw verpackt sind[1]. Einige Staaten hatten beantragt, die Beschränkung auf den persönlichen Reisebedarf des Reisenden fallen zu lassen und zur Erleichterung des Reiseverkehrs als Reisegepäck Gegenstände aller Art, sofern sie ordnungsmäßig verpackt sind, zuzulassen, wie dies bereits in § 28 (1) der deutschen und österreichischen Eisenbahnverkehrsordnung seit dem 1. Oktober 1928 rechtens ist. Die Mehrheit der in Rom vertretenen Staaten hielt diesen Vorschlag jedoch für zu weitgehend. Er führe dazu, daß Warensendungen allgemein als Reisegepäck zugelassen würden. Dies könne jedoch einmal zu einer Schädigung des neu geregelten internationalen Expreßgutverkehrs in den Verbindungen führen, wo die Expreßguttarife höher seien als die Gepäcktarife. Mit Rücksicht darauf, daß künftig auch im internationalen Verkehr in zunehmendem Maß Reisegepäck ohne Fahrausweis aufgegeben werden würde, sei von einer zu weiten Ausdehnung des Begriffs des Reisegepäcks Mißbrauch zu befürchten. Die Zulassung von Waren als Reisegepäck würde schließlich auch Schwierigkeiten für die Zollbehandlung mit sich bringen und dadurch die Bestrebungen auf Vereinfachung dieser Behandlung und auf Beschleunigung der internationalen Durchgangszüge zunichte machen.

Um die Gefahr einer allzu engen Auslegung des jetzigen Gepäckbegriffs zu vermeiden, hat aber die Konferenz beschlossen, das Wort „persönlichen" zu streichen und sonach als Reisegepäck Gegenstände anzusehen, die „für den Gebrauch des Reisenden bestimmt" sind. Wie bisher können die Tarife noch andere, nicht für den Gebrauch des Reisenden bestimmte Gegenstände als Reisegepäck zulassen.

b) Im jetzigen Artikel 17 § 2 ist ferner eine Reihe von Gegenständen aufgezählt (Trag- und Rollstühle für Kranke, Kinderwagen, Fahrräder und ähnliches), die auch unverpackt als Reisegepäck aufgegeben werden dürfen, sofern sie dem Gebrauch des Reisenden dienen. Der neue Artikel 17 § 2 hat zunächst dieses Verzeichnis dem Verkehrsbedürfnis entsprechend um einige Gegenstände vermehrt und z. B. auch Selbstfahrer für Kranke (auch mit Hilfsmotor) und Liegestühle (§ 2 a), ferner ein- und zweisitzige Hand- und Sportschlitten, Schneeschuhe (Skier) und Schlittschuhsegel sowie Wasserfahrzeuge bis zu drei Meter Länge (§ 2 g) zugelassen. Vor allem ist aber bei allen in § 2 aufgezählten Gegenständen

[1] Vgl. hierzu Fritsch, Archiv für Eisenbahnwesen 1924, S. 613.

die jetzige Bestimmung, daß sie dem Gebrauch des Reisenden dienen müssen, gestrichen worden. Als Ausgleich dafür ist zur Vermeidung von Unzuträglichkeiten neu bestimmt worden, daß die Tarife die Menge, den Umfang und das Gewicht dieser Gegenstände bei der Annahme als Reisegepäck beschränken können (§ 2 letzter Absatz).

c) Das in dem jetzigen Artikel 17 § 4 ausgesprochene Verbot, Gegenstände als Reisegepäck zu befördern, die nach dem IÜG. von der Beförderung ausgeschlossen oder nur bedingungsweise zur Beförderung zugelassen sind, ist grundsätzlich bestehen geblieben. Doch dürfen künftig nach dem neuen Absatz 2 des § 4 Filme in der im IÜG. vorgeschriebenen Verpackung als Reisegepäck aufgegeben werden, was bisher nicht möglich war.

2. Abfertigung von Reisegepäck.

Die Vorschriften über die Abfertigung von Reisegepäck sind in mehrfacher Hinsicht ergänzt worden. Erwähnt seien zwei neu eingeführte Vorschriften, die zu einer Erleichterung der Abfertigung von Reisegepäck beitragen werden. Dies ist einmal die Zulassung der Aufgabe von Reisegepäck ohne Fahrausweis (Artikel 20 § 1 dritter Absatz). Da es sich hier zunächst um einen Versuch handelt, bleibt es den Tarifen überlassen, ob und inwieweit solches Gepäck zugelassen werden soll. Der Absender von unbegleitetem Gepäck hat dann dieselben Rechte und Pflichten wie der Reisende, der sein Gepäck auf einen Fahrausweis aufgibt.

In dem neuen vierten Absatz des Artikels 20 § 1 ist ferner klargestellt worden, daß der Reisende auf seinen Fahrausweis mehrmals Gepäck, und zwar für beliebige Teile der ganzen Beförderungsstrecke, aufgeben darf, jedoch darf keine Teilstrecke mehr als einmal in Anspruch genommen werden.

3. Beförderung des Reisegepäcks.

Das IÜP. enthält schließlich in dem neuen § 8 des Artikels 20 eingehende Vorschriften über die Beförderung des Gepäcks namentlich auch für den Fall, daß es unterwegs auf einen anderen Zug übergehen muß.

4. Sonstiges.

Von den sonstigen wichtigeren Änderungen des IÜP. sei erwähnt, daß Artikel 8 die Vorschriften über die Geltungsdauer der Fahrausweise in mehrfacher Beziehung für den Reisenden günstiger gestaltet, daß ferner das Recht zur Fahrtunterbrechung eingehender als bisher geregelt ist, und daß die Bestimmungen über die Mitnahme von Tieren in Personenwagen in gewisser Beziehung eine Klarstellung erfahren haben.

Überblickt man die Ergebnisse der römischen Beratungen, so kann man feststellen, daß die Konferenz einen umfangreichen und vielgestaltigen Arbeitstoff in verhältnismäßig kurzer Zeit bewältigt hat. Wenn auch die Übereinkommen keine völlige Neugestaltung erfahren haben, so sind sie doch sorgfältig überprüft worden. Durch die beiden neuen Anlagen sind insbesondere wichtige Gebiete in die internationale Eisenbahngesetzgebung einbezogen worden. Die Neubearbeitung der Übereinkommen hat schließlich auch zu einer Reihe von Verbesserungen der Rechtslage der Verfrachter und Reisenden geführt. Es ist daher vom deutschen Standpunkt aus zu wünschen, daß die Ratifikation der Übereinkommen auch in den Staaten, wo hierfür die parlamentarische Behandlung vorgeschrieben ist, möglichst bald vollzogen wird.

GPSR Compliance

The European Union's (EU) General Product Safety Regulation (GPSR) is a set of rules that requires consumer products to be safe and our obligations to ensure this.

If you have any concerns about our products, you can contact us on ProductSafety@springernature.com

In case Publisher is established outside the EU, the EU authorized representative is:

Springer Nature Customer Service Center GmbH
Europaplatz 3
69115 Heidelberg, Germany

Batch number: 10845480

Printed by Printforce, the Netherlands